Beautiful Life

Beautiful Life

Beautiful Life

Beautiful Life

人生が変わるアンガーマネジメント入門
怒りを味方につける9つの習慣

憤怒管理

改變人生，不被憤怒左右的9個習慣

瀨戶口 仁——著　邱香凝——譯

推薦一……

了解情緒，了解憤怒

在診間裡，面對情緒困擾，討論如何與情緒共處，透過情緒來了解自己，是身心科的日常。在陪伴個案的過程中會發現，許多人對情緒的態度是疑惑、害怕、負面的，常會採取忍耐、壓抑、隔離的方法，希望自己不要有情緒。

然而，逃避、抗拒情緒卻會讓它更加糾結、複雜，壓抑久了，累積的能量多了，對自己、對他人與周遭事物，容易感到煩躁、厭惡、生氣，更嚴重的，甚至可能對他人憤怒，無法調適而產生肢體或口語暴力，對自己憤怒而出現自殺或自殘的傷害行爲。因此，接納、認識、理解、調適情緒，是每個人都需要學習的功課。

人的情緒，分成原始情緒、衍生情緒。

一、原始情緒：觀察二到七個月的嬰孩時，可以辨識出幾種沒有經過學習而對情境直接反應的自然情緒，如：生氣、害怕、哀傷、喜悅、厭惡、驚奇等，這是每個人從小到大都會有的，是展現與保護自我的鈴鐺（例如：在自己想做的事情被阻礙、不受到尊重、被羞辱、被委屈時，可能在第一瞬間會感覺到憤怒）。

二、衍生情緒：當原始情緒被情境觸發後，因爲受到後天學習、文化價值、自我概念與過去成長經驗等影響，而對原始情緒產生反應，以其他情緒來回應，遮蔽了原始情緒（例如：剛到一個陌生環境感到害怕時，將害怕的原始情緒評價爲膽小懦弱，而對自己生氣；或是與朋友暫時分離時生起哀傷感，卻自動連結到小時候不舒服的分離經驗，覺得自己要被遺棄而害怕、恐懼、崩潰大哭，甚至憤怒）。

衍生情緒是「對情緒的情緒」、「對反應的反應」，在感受當下的情境時，內心的小劇場很快地演出，而劇本卻是受到過去經驗、自己的信念或需求所影響，並非是對當下的直接情緒，他人可能會覺察到當事人的情緒表現與情境不一致，或反應過度；而錯綜複雜的情緒也可能讓當事人感到迷惑，不清楚自己到底怎麼了。

因此，在學習情緒調節的過程中，透過寫日記來自我探索是常用的方法，慢慢會發現，「情緒—想法—身體感受」這三種是相互影響著，情緒本身並無法維持很久的時間。

會讓情緒延長與複雜化的原因，是情緒底層未被覺察到的想法與生命脈絡，可以在寫日記時，試著探索：情緒在什麼情境下容易被觸發、是觸碰到內心的哪些部分、自己有哪些不想觸碰的陰影、它對自己的影響是什麼、可能聯想到什麼、人際互動中自己的界線在哪裡、有哪些內在規範或信念、自己的期待是否符合現實、情緒表達的模式為何、在不同的情緒強度下自己是如何調適的／效果如何／可以如何調整、在失控的臨界點出現前身心的徵兆為何、如何提早覺察與調適情緒、如何適當地表達情緒以協助溝通等等，這些探索將會幫助我們更深入的了解自己、增進調適情緒的能力。

情緒的神經生理學基礎，也影響著情緒調節的學習。

當感官將外在環境的訊息傳入視丘後會分成兩條路徑，一條是短路徑，直接到達邊緣系統的杏仁核，這是負責恐懼、驚嚇、急躁、焦慮的情緒中樞，會快速地引發情緒反應，來避免危險，自我保護。另一條是長路徑，較慢地到達大腦皮質（主要是前額葉），經過數個迴路來思考分析、選擇較合適的方法回應，然後再將訊息傳到杏仁核來調節情緒。

如果以憤怒爲例，憤怒的感受會發生在理智思考前，如果憤怒力量強大且又衝動控制不佳時，可能會產生攻擊性的行爲，在行爲過後才反思後悔。根據《ＥＱ》作者丹尼爾．高曼的看法，雖然憤怒可能會持續一段時間，但是被「杏仁核劫持」

的憤怒高峰期約只有六秒，如果平時可以練習幾個情緒調節的方法（例如：透過深呼吸或覺察身體感受把心定錨於當下、了解「情緒只是情緒、不批判情緒」、接納與覺察情緒自由地來去而不反應、運用正念體驗自己的內在空間），當有一天覺察到憤怒的強烈力量時，可以運用它們來幫助自己度過這憤怒高峰的危險期。

本書作者以在體育界運用憤怒管理的多年經驗與見證心得，有次第地引導我們進入憤怒管理的四個層次：覺察憤怒、暫停/不反應、理解自己、善用憤怒。

一、從為憤怒平反開始，重新認識憤怒，了解憤怒的功能，以及四種憤怒類型。

二、由簡入深地教導各種情緒調節技巧及如何暫停，讓自己在憤怒的高峰期不被它控制。

三、透過寫情緒日記來了解自己的憤怒模式，檢視自己是否有不符合現實與僵化的極端信念，如何調整讓它更有彈性來促進情緒的穩定，增加形容憤怒的詞彙以增進對憤怒程度的辨識，透過量化情緒，讓自己看見在不同程度的憤怒狀態中有哪些方法可以因應，打破生活的固定模式，讓自己更自在。

四、轉換自我對話的問句，將問「爲什麼」換成問「如何」，將憤怒的力量轉化爲走出問題、提升自己的動力。

這是一本將看似複雜的憤怒管理，用生活化、易理解的方式所寫的實用書，就讓我們開始一起學習吧！

台中開心房身心診所醫師　鄭存琪

推薦二……

與憤怒為友，讓憤怒助你成功

我非常喜歡這本《憤怒管理：改變人生，不被憤怒左右的九個習慣》。

說到憤怒，大部分的人在面對憤怒的情緒時，基本上都會呈現兩種反應：

一、情緒失控，開始鬼吼鬼叫，甚至出手傷人。

二、假裝自己不在乎，其實內心非常在意，想著日後如何報復，或者愈想愈鑽牛角尖，搞到自己內傷。

但，你眞的有更好面對憤怒的方法！

本書作者出身體育界，看過了大大小小球場上和運動場上由於憤怒所導致的衝突，歸納出了有效面對憤怒的心態與步驟，我深表認同，而且覺得許多看法都與我的經驗不謀而合。

以我自己爲例。許多人都很好奇，爲何我在遭遇一些網路上的批評、人際關係的衝突時，都能夠處之泰然，絲毫不動怒呢？

那是因爲，在我的心中，已經把憤怒並且失控定義爲「不入流的行爲」，既然是不入流的行爲，我又怎麼能輕易在面對憤怒時，做出不入流的行爲，成爲一個不入流的人呢？

這就牽扯到了「定義」的問題。我們做爲人，每天無時無刻不在爲自己的行爲以及遭遇到的事情下定義。若是你下的定義是好的，就會導致好的結果；你下的定義是不好的，就會導致不好的結果。

如我上面提到的，我因爲把憤怒失控定義爲不入流的行爲，那麼因爲我自詡爲「有品之人」，自然就會在面對憤怒的時候，「尋找解決的方法」，而不是任由情緒擺佈。

但很多人在面對憤怒時，明知道情緒失控後的行爲，將導致他陷入萬劫不復的深淵（例如，酒駕被警察抓到還惱羞成怒，結果視頻被公開後遭到全民圍剿；在KTV或Pub與對方口角，傷人致死被送進監牢等），卻告訴自己「我天生就是這個脾氣改不了」。

說眞的，天底下絕對沒有「改不了」這回事，只有你願不願意改，以及你對這個行爲的定義爲何罷了。你選擇了不想改、改不了，就得承受之後帶給你的負面影響。

除了對憤怒重新定義之外，作者還介紹了一個很好的方法，那就是「將憤怒轉爲正面助力」。

首先，我們不必刻意去忽視憤怒的感覺，因爲我們是人，有這種情緒波動，是非常正常的。

先接受自己是會憤怒的事實，但永遠提醒自己，不被憤怒所擺佈，而要好好「利用」這種憤怒的情緒，來強迫自己「成功」。

大家應該都聽過這些故事：

因爲被女朋友/男朋友的爸媽瞧不起、被迫分手，之後帶著憤怒讓自己成長提升，反而找到更優質的對象，擁有幸福的關係和婚姻。

ZARA的創辦人奧蒂嘉（Amancio Ortega）從小家境清寒，看盡了親友鄰居的臉色，帶著憤怒一路推進自己成功，誓言一定要出人頭地、讓母親過上好日子。

柯文哲因愛滋器捐案受到不公彈核，憤而決定從政，競選台北市市長，結果高票當選，不僅成爲台灣政治史上的奇蹟，還成爲政治圈的最大網紅。

類似的例子多不勝數。這些人都是因爲在面對憤怒的情緒時，沒有輕易被憤怒的情緒左右，採取失控的行爲，而是讓憤怒的情緒成爲自己的「助手」，推進自己邁向夢寐以求的目標。

於是，當你下次也感受到憤怒的情緒時，別繼續想著「他/她爲什麼這樣對我？」、「我好生氣！」，而要想著「我能怎麼利用這樣的憤怒，達到我要的目的？」。

當你這麼轉換想法之後，不僅不會憤怒，還會笑嘻嘻、精神抖擻地來解決問題，爲自己將來的成功鋪路。

我過去出版過的《就是愛被罵：史上最強被罵應對心理學》，也是一個很好的例子，把所有罵過我的人的話語收集起來，分析他們怎麼罵、罵了什麼、我們能如何面對被罵？不僅幫助更多人知道未來如何面對被罵，也獲得了不錯的版稅收益，這同樣也是「將憤怒轉爲正面助力」的最佳例證。

希望你也能養成不被憤怒左右的九個習慣，讓自己與憤怒爲友，讓憤怒助你成功！

激勵達人　鄭匡宇

前言……與憤怒和平相處，將怒氣化為助力

你聽過**憤怒管理**（**Anger management**）這個詞嗎？

所謂憤怒管理，是以控制憤怒爲目的的心理訓練法。一九七〇年誕生於美國的這種訓練法，現在已遍及加拿大、英國、澳洲、紐西蘭、印度、菲律賓、馬來西亞、新加坡、阿根廷等世界各地。

日本也在二〇〇八年時正式引進憤怒管理。

旨在控制憤怒情緒的憤怒管理，就是**鎮壓內在湧現的怒意，進一步將憤怒轉化為助力，產生思考上的「典範轉移」**（譯注）**，藉此將人際關係或工作導向更良好的結果**。

累積憤怒有百害而無一利。憤怒朝他人發散時，對承受憤怒者造成的傷害更是難以衡量。這是非常可怕的事，必須在陷入嚴重事態前想辦法解決。

然而，和多數傾向正面思考的歐美人士相比，多數亞洲人更傾向負面思考，兩地對「憤怒」的解釋也有所不同。相較於直截了當展現怒意的歐美人士，亞洲人展現的是將怒意藏在心中壓抑累積的傾向，也比較容易演變爲怨恨或嫉妒等陰險的情緒。網路上的霸凌或中傷現象，或許就可說是這種情緒的衍生。

我長年置身於以棒球爲中心的體育界，自一九九三年起定居美國紐約，親眼見證了美國當地的憤怒管理，對其產生的效果印象深刻。本書將活用這份經驗，以運動爲例，簡單明瞭地說明適合亞洲人的憤怒管理技巧。

當然，平息怒氣並進一步將怒氣轉化爲助力的技巧，不只在體育界派得上用場，更是商務領域、工作場域和人際關係上的重要技巧。

「人類所有的煩惱，都是人際關係的煩惱。」心理學家阿爾弗雷德．阿德勒（Alfred Adler）曾這麼說。而「憤怒」的情緒便是存在於所有的煩惱之中。

本書也將數度提及，憤怒管理的思考絕非否定憤怒，**其真正目的是找到與憤怒和平相處的方法，將怒氣轉化為助力**。希望各位都能順利控制憤怒，幫助自己走向幸福人生。

本書將依序介紹與憤怒和平相處，平息怒氣的九個習慣。衷心期盼各位藉此學會一流運動員與經營管理高層身體力行的技巧，獲取職場與人生中的成功及幸福。

譯注……Paradigm shift。也稱思角轉向，在此可理解爲信念、價值或方法的轉移。

目錄

PART 2 打消憤怒，平息怒氣

PART 3 將憤怒轉化為助力

PART 4 成為善用憤怒的人

Prologue

控制憤怒的技術為何誕生？

——憤怒管理的歷史

「憤怒管理」始於一九七〇年代照護工作第一線。因爲照護老爺爺、老奶奶的照護員動不動就被抱怨，內心時常產生煩躁或火大等憤怒情感，爲了盡量壓抑這種情緒而想出的心理訓練法。

這就是憤怒管理最早誕生的由來。

始於照護領域的憤怒管理，轉眼間擴展到職場、教育、育兒、體育等不同領域，廣受各界運用。

會如此廣泛擴展開來的原因也很明確。

在職場上，為的是保持心平氣和，提高工作效率。

對經營者或主管來說，為的是避免因憤怒而衝動行事，導致失去下屬的信任。

教師可以落實對孩子們的情緒教育。

政治人物為的是避免控制不住憤怒而口出惡言，醜態畢露。

律師、醫生等職業壓力大，學習憤怒管理有助於處理壓力。

運動員則是可以在競賽中保持冷靜，確保自己發揮最大實力。

如上所述，無論何種行業與職種，都有必要學習憤怒管理。

為了幫助各位了解憤怒管理最早是如何擴展開來，以下介紹幾則體育界的案例。

國家美式足球聯盟NFL（National Football League）在職業美式足球聯盟中，被譽為世界級的殿堂。

對各位來說或許難以想像，NFL在美國是非常受歡迎的運動賽事。舉例來說，決定每年冠軍的超級盃電視轉播收視率，在美國歷代收視率前十名榜上奪下第七名。在美國，也只有超級盃冠軍賽這天默許人們「賭博」。

NFL與NBA（職業籃球）、MLB（職棒大聯盟）並列美國三大受歡迎運動項目，而NFL受歡迎的程度更是遠超過其他兩者。然而，和受歡迎的程度相反的是，NFL運動員的平均職業生涯只有四年，在三者之中最短。

這是因爲美式足球比賽過程中激烈的衝撞與翻滾，容易引起腦震盪或造成頸椎受傷等，影響運動員生命的運動傷害。此外，由於賽事性質趨於激烈，在比賽中一時怒上心頭犯規，就此斷送職業生涯的也從沒少過。

爲了盡可能延長運動員的職業生涯，NFL將「接受憤怒管理課程」明定爲新人加入時的必備條件。

在這套課程中，運動員透過憤怒管理的種種手法學習如何排遣憤怒情緒，只要懂得如何平息怒氣，就有可能避免受不必要的傷。課程**更將「比賽是為了賺錢養活自己一輩子」的觀念深植他們腦海**，訓練他們一旦激動到無法壓抑自己情緒時，透過「想像金錢」的訓練保持冷靜，努力延長運動員壽命。

再舉另外一個例子。

事實上，網球選手羅傑·費德勒（Roger Federer）就是一個在學會憤怒管理後獲得成功的運動員。

說到網球「壞孩子」，老一輩的印象可能是吉米．康諾斯（Jimmy Connors）或約翰．馬克安諾（John McEnroe）。

不過，費德勒過去也曾和他們一樣性急暴躁，一遇到失誤就亂丟球拍、抱怨主審，無法控制自己的情緒。

直到遇到一位名叫彼得．卡特（Peter Carter）的教練，學習憤怒管理之後，費德勒的網球人生從此改變。他重新徹底檢視自己在球場上的情緒表現，發現自己比賽落敗有很大的原因是浪費太多能量在發洩怒氣。

比方說，二〇〇五年四月舉行的納斯達克１００公開賽決賽上，費德勒遇上了自身最大的對手拉斐爾．納達爾（Rafael Nadal）。

最初兩盤被對方得分，第三盤第九局又錯失破發點機會的費德勒，氣得將球拍狠狠砸在球場上。

「我非常生氣，丟出了球拍。對失誤連發的自己感到火大，比賽狀況就像一個永無止盡的上坡，我卻錯過好不容易出現在眼前的機會……不過，當時的憤怒令我清醒了。」

由此可見，當時的憤怒與年輕時單純的暴躁易怒不同，成爲促使費德勒奮發圖強的力量。換句話說，他**將憤怒轉化為助力，成為自己的原動力**。丟出球拍後的費德勒，接下來做出的動作彷彿變成另一個人似的，最後終於擊敗納達爾，贏得大會冠軍。

後來，費德勒從二〇〇五年到二〇〇八年，連續四年獲得有體育界奧斯卡獎之稱的「勞倫斯世界體育獎」。此外，根據二〇一三年六月發售的《富比士》雜誌「世界運動員收入排行榜」，費德勒在二〇一二年至二〇一三年間，包括代言贊助廠商在內，年收入高達七千一百五十萬美元，僅次於高爾夫選手老虎．伍茲（Tiger Woods），排名世界第二。

費德勒正可說是靠憤怒管理獲取成功的代表例。

◎將憤怒轉變為正面助力

憤怒的能量是很強大的，如果能將這份能量用在對自己而言正確的方向，那一定會是極大的助力。

將憤怒的能量轉化爲正向助力，可獲得很多加分效果。

- **成為心的跳板。**
- **成為做事的動機、意願。**
- **幫助我們丟掉多餘的東西。**
- **讓我們察覺不必要的東西。**
- **重整心情。**

・變得能說出真心話。

・開始保護得了自己。

・勇於挑戰新事物。

・改變對事物的看法。

・能下定決心。

將憤怒轉化為對自己有加分效果的助力，從而獲得成功，這樣的例子不只發生在運動員身上。

比方說，二〇一四年獲得諾貝爾物理學獎的中村修二先生，就是懂得巧妙面對憤怒，將憤怒轉化為自己的行動能量，進而提高向上意願的人物。

中村先生在日本因為學歷（德島大學畢業）而受到歧視，到了美國又因為種族受到歧視。一般人遇到這樣的情況，或許只會自我怨懟「為什麼我沒能讀更好的大學，為什麼我不是美國人」。但是，他卻將「歧視」轉化為自己的力量，最終獲得諾貝爾物理學獎的偉大成就。

我想，當時受到「歧視」的中村先生眼前，應該擺著兩個大不相同的選項。一個是「輸給憤怒，賭氣放棄研究」，另一個是「將憤怒轉化爲能量，精進研究」。

不用說大家都知道，他當然選擇了後者。

我們也可以像中村先生這樣，只要**善加利用憤怒，獲得的好處可說是多得不勝枚舉**。

舉例來說，上司業績明明也不怎麼樣，卻在同事面前譏諷他：「你要到什麼時候才能成爲獨當一面的業務啊？」

這時，他如果產生「上司自己的業績還不是不起眼，憑什麼這麼說我？誰想爲這種上司做事啊！」的憤怒情緒，憤而放棄自己的工作，結果不只上司，連自己都將失去成長的機會。

反之，如果他心想：「工作爲的不是上司，而是爲自己。現在自己的工作表現確實無法說大話，不過，有時間在這裡生氣，不如做出讓上司無話可說的成績。」將憤怒的矛頭指向別處，轉變爲對工作的意願，終將能做出讓上司刮目相看的成績，爬上重要幹部的位置。

最後我想分享的是，「要是學過憤怒管理，就不會淪落到如此下場」的案例。二〇〇六年在德國舉行的世界盃足球賽，決賽由法國對上義大利。當時，法國隊主帥席內丁．席丹（Zinedine Zidane），據說在比賽中一直遭到義大利隊馬可．馬特拉齊（Marco Materazzi）的言語挑釁。內容除了歧視席丹身爲阿爾及利亞移民二代的種族身分外，甚至包括對席丹家人（母親與姊妹）的侮辱言詞。只是事實眞相究竟爲何，外界無從得知。

事件發生於進入延長賽後五分鐘左右，無法容忍馬特拉齊挑釁的席丹，突然狠狠地用頭撞擊對方胸口，遭判紅牌下場。

席丹早已表明這場大賽後就要退出球壇，在他因頭槌攻擊導致強制下場後，法國隊也輸了這場比賽，席丹原本充滿榮耀與讚譽的運動員生涯，就在這樁不光彩的事件中宣告結束。

事後，FIFA（國際足球總會）對席丹處以七千五百瑞士法郎罰款，外加三天社區勞動。不只如此，席丹更失去由媒體投票選出，相當於MVP的世界盃金球獎，也失去了好幾張已談好的廣告代言合約。

只因憤怒而失去理智，席丹就在一瞬間失去了所有名譽與榮耀。

憤怒管理並非否定「憤怒」。面對馬特拉齊的挑釁，席丹會想抗議的心情也是可以理解的。然而，選擇暴力行爲做爲抗議的方法，最後遭到責難也是無可奈何的事。如果他能先學會憤怒管理，知道如何控制自己的怒氣，一定能夠產生不同的結果。

像這樣的例子，不只體育界，娛樂界也很常見。

來自加拿大的歌手小賈斯汀（Justin Bieber）在二〇一四年時，因爲對鄰居的房子砸生雞蛋引發糾紛，遭警方逮捕。法院判他賠償八萬美金，外加撿拾垃圾、清除街頭塗鴉等勞動服務。同時，法庭判令（court order）他必須去上學習控制情緒的憤怒管理講習課程。

讀者或許不太熟悉這裡的「法庭判令」，在美國，法庭判令被視爲認罪協商的一種方式，經常用來取代實際刑罰。除了小賈斯汀，過去諸如歌手克里斯小子（Chris Brown）、演員西恩．潘（Sean Penn）、模特兒娜歐蜜．坎貝兒（Naomi Campbell）及潔西卡．懷特（Jessica White）等人，都曾接到強制接受憤怒管理課程的法庭判令。

另外，二〇〇三年，由傑克．尼克遜（Jack Nicholson）與亞當．山德勒（Adam Sandler）主演，名爲《抓狂管訓班》（譯注）的電影公開上映。二〇〇五年，歌手阿姆（Eminem）舉行了名爲「the Anger Management 3 Tour」的巡迴演唱會。同年，搖滾樂團「金屬製品」（Metallica）也在紀錄片《異種怪獸》（*Some Kind of Monster*）中公開了全體團員接受憤怒管理課程的畫面。

除此之外，二〇一二年由查理・辛（Charlie Sheen）主演的電視影集《憤怒管理》（*Anger Management*）大受歡迎。原因在於起用現實生活中多次涉及暴力事件、情感糾紛，又有酒精中毒、吸毒等經歷的查理・辛。這樣的他，在片中飾演的卻是一位憤怒諮商師，如此迥異的落差令全美觀眾大感興趣，帶動了影集的走紅。

譯注………電影原名《*Anger Management*》，直譯即是憤怒管理。

憤怒管理的三大支柱

那麼，平息怒氣，將憤怒轉化爲助力的憤怒管理，究竟是一種什麼樣的心理訓練法呢？

控制憤怒需要的支柱（概念）主要爲以下三者：

1. 六秒。

2. 三重圈（「應該」的界線）。

3. 岔路。

六秒？

三重圈?

岔路?

這些和憤怒有什麼關係?光是這樣實在看不懂對吧。

首先,所謂的**「六秒」,指的是憤怒的MAX長度**。

簡單來說,**憤怒的頂點只能維持六秒,之後就會逐漸平息**。

人類的大腦意外單純,一旦注意力從引發怒意的事物轉移到其他地方,立刻就能重拾冷靜。因此,學會如何撐過這六秒,就能迴避最糟糕的狀況,確實掌握最棒的未來。

爲了達到這個目的,我們需要的是立即有效的技巧。這些將在本書的習慣一到習慣五中加以說明。

其次是「三重圈」。所謂三重圈,是將人類的情緒大致分爲三種。其中,爲了擴大憤怒管理最重視的**「雖然價值觀不同但願意容許」**的範圍，必須運用一些改善體質的技巧。這些將在習慣六到八中加以說明。

最後是「岔路」。岔路指的是，判斷解決問題時選擇哪一種方法較有利。如何做出正確判斷，將在習慣九中加以說明。

這三大支柱，正是平息怒氣時不可或缺的技巧。學會技巧，養成習慣，藉此讓自己的工作和人際關係順利進展，這就是最好的結果。

隨後本書將詳細介紹上述各項習慣與技巧。不過，在說明這些技巧前，請先讓我談談關於憤怒的基本知識。

這是因爲，如果無法認清「憤怒的眞面目」，就不知道自己爲何發怒，也察覺不到自己到底哪裡做錯了。

所以，首先讓我們從**「認清憤怒的真面目」**開始吧！

PART 1

認清憤怒的真面目

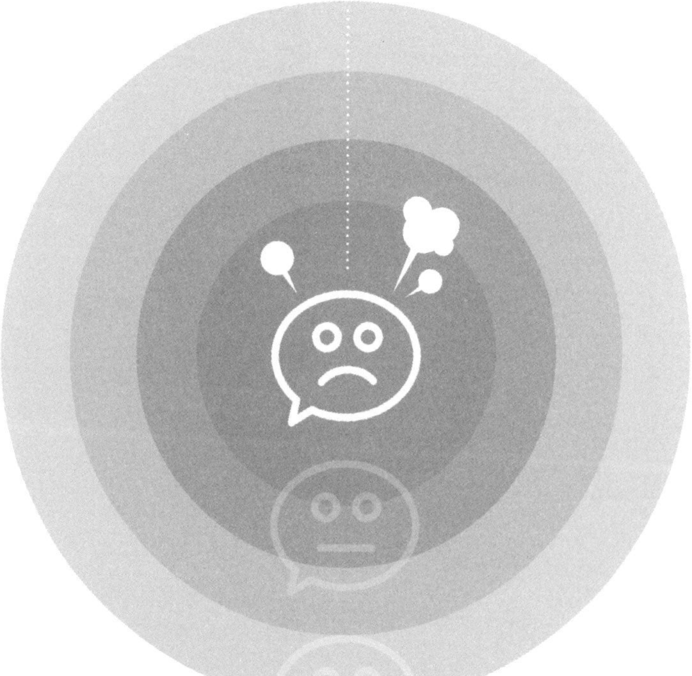

何謂「憤怒」的真面目？

在學習平息怒氣，將憤怒轉化爲助力的「憤怒管理」前，首先必須認清「憤怒」的眞面目。

憤怒的眞面目，包括憤怒的種類、性質、特徵與傾向。

追根究柢，**憤怒有兩種**——

「好的（必要的）憤怒」和「不好的（不必要的）憤怒」。

好的憤怒是什麼呢？

舉例來說，就像前言介紹過的，將在日本受到學歷歧視，在美國受到種族歧視時產生的，令人想破口大罵「王八蛋」的憤怒，轉化為持續研究的能量，終於在二〇一四年獲得諾貝爾物理學獎的中村修二先生，他的例子就是「好的憤怒」。

此外，像是升學考失利時，宣佈「明年一定要考上」，將怒意轉爲用功的動力，或是被男朋友甩掉時，發誓「一定要變美，讓他悔不當初」，這些都可說是好的憤怒。

另一方面，不好的憤怒又是如何？

比方說，只不過是在車站月台與人肩膀擦撞，就把對方推下月台導致受傷，或是進公司時被老闆說了一句話（自己誤以爲是難聽話）就懷恨在心，辭職時拿刀刺殺老闆（這是實際上發生過的社會事件），上述兩個例子就是典型的「不好的憤怒」。

還有，中高年離婚多半是太太提出的，原因在於年輕時對先生的不滿與壓力等「原始情緒」，隨著年齡的增長不斷累積，終於形成憤怒這種「衍生情緒」，又因爲按捺不住憤怒而爆發的結果。關於原始情緒和衍生情緒，後面還會再做說明。

從年輕時便不爲小事忍耐，想說什麼就當場說出來，不硬性規定彼此「應該怎麼做」的人，或許比較不容易陷入「不好的憤怒」。

從這些例子也能看出，**憤怒是一種非常強烈的情緒**。也難怪人家說「喜怒哀樂」中，最後留下來的會是「怒」。

喜怒哀樂中，最早消失的是「喜」和「樂」。高興和快樂等正面情緒，因爲對外宣洩也不會有問題，又不會困擾自己，使自己痛苦，所以很容易遺忘（不容易持續）。

相較之下，**「哀」與「怒」屬於負面情緒，因為會造成自己的痛苦，所以遲遲不會消失**。

在這兩者之中，「怒」又和「哀」不同，具有波及他人的攻擊性，是一種非常麻煩的情緒，也因爲這樣，「怒」的情緒總是留到最後才消失。

正因如此，我們如果在睡前「回想生氣的事」，總是會因爲情緒太激動而睡不著。

憤怒會產生連鎖效應

憤怒不光是一種情緒。

憤怒最大的特徵就是「連鎖效應」。

萌生憤怒情緒的人，爲了讓怒氣有得以發洩的出口，往往會去找尋下一個遷怒的對象。那個成爲遷怒對象的人，又得找尋另一個出口發洩這股怒氣……就這樣，**憤怒形成了不斷延續的連鎖效應**。

舉例來說，爸爸在公司裡遇到不開心的事，把暴躁的情緒帶回家，發洩在媽媽身上，媽媽又遷怒到孩子身上，孩子到了學校，把這股怒氣發洩在比自己弱小的同學身上，就成了霸凌。如果沒有人阻止，這樣的連鎖效應將永無止境。

斬斷憤怒的連鎖，需要的是平息怒氣，將憤怒轉化爲助力的技巧。這就是憤怒管理。

再強調一次，憤怒管理並非否定憤怒。必須生氣的時候，也需要好好生氣才行。不過，若是沒必要生氣，或是憤怒反而會招來不必要下場時，倒不如把憤怒轉化爲運用在職場、運動、教育、育兒或照護等領域的能量，這樣要健康多了。再說，放任情感衝動行事，也只會造成貶低自己的後果，最好還是加強紮實的心理訓練，學會控制憤怒更重要。

如果你常因憤怒而忘我，做出後悔莫及的事，請務必學習與實踐這套技巧。

憤怒的四個傾向

發洩怒氣的方式有四種類型，同樣都會爲周遭帶來不良影響。

這四種類型分別是：

①高頻度。

②高強度。

③具有持續性。

④具有攻擊性。

以下我將分別說明這四種類型。

①高頻度：指的是只因「交文件上來的態度不好」之類的小事，動不動就對別人發怒，毫不掩飾不高興的表情，隨時都處於焦慮暴躁情緒中的憤怒類型。

②高強度：指的是一旦生起氣來就無法控制自己，放任怒意暴漲的類型。一邊說著「我沒生氣，只是很正常地在說話」，一邊卻不斷加重自己的怒氣，不但已經在生氣，還氣上加氣的人，就屬於這種。

③具有持續性：指的是一生氣就會有好一陣子無法平息怒意。比方說，「不管跟那傢伙說什麼，他都會回答『是、是、是』，這是在瞧不起我嗎！」像這樣對下屬的行動感到火大，一直氣到晚上都睡不著，連吃飯時都會想起來而不甘心，無法好好享用眼前美味的食物，這種人就屬於此一類型。有時，這種類型的人光是想起過去的事，憤怒的情緒就會湧現。

④具有攻擊性：指的是說著「你老是這樣，不管做什麼都一樣」之類的話，一生氣就指責對方，說出傷害對方的難聽話，甚至暴力相向，將憤怒發洩在

其他人事物身上。另一方面，這種人的憤怒矛頭一旦對準自己，又會陷入自責，容易做出飲酒過量或藥物成癮等傷害自己身心的行爲。

包括人類在內，動物只要產生恐懼反應，就會做出選擇Fight（攻擊＝戰鬥）或Flight（逃避）的**「FF行為」**。換句話說，人類感受到強烈憤怒時，心跳就會加速，血壓上升，肌肉緊繃，進入準備「戰鬥」或「逃離」的模式。

憤怒管理是矯正上述四種憤怒類型的技巧，在進入具體說明前，希望大家能先知道以下這件事。

人類有**「原始情緒」（primary emotion）和「衍生情緒」（secondary emotion）**兩種情緒。

原始情緒是負面情緒，像是焦慮、難受、痛苦、抗拒、疲倦、寂寞、壓力、悲傷……等。與此相對的，憤怒則屬於衍生情緒。若將原始情緒視爲水，將裝水（承

壓抑不住的負面情感，就會形成「憤怒」爆發

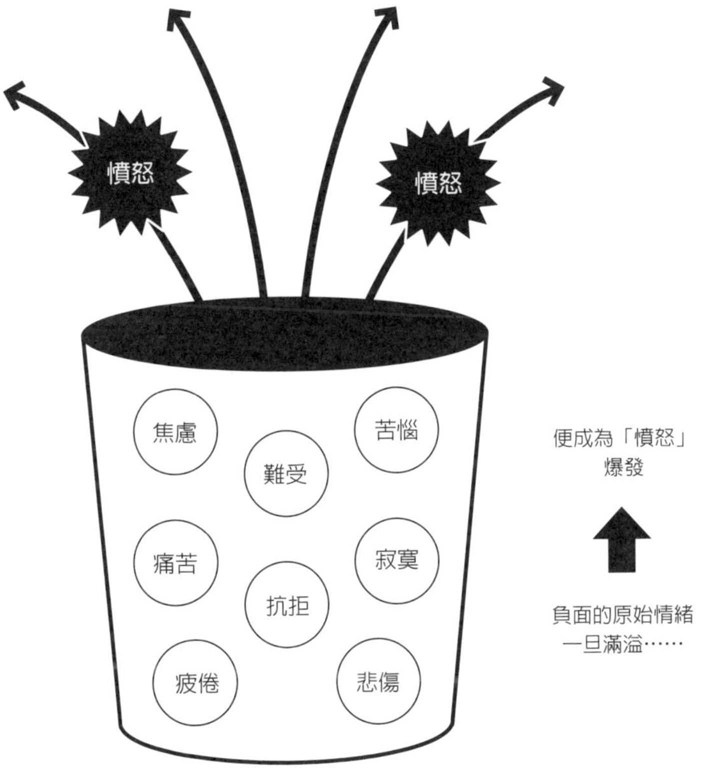

受情緒）的杯子想成「心」，杯中完全無水時，就是平靜無波的心理狀態。

當負面的原始情緒愈來愈多，承受情緒的杯子愈來愈滿，終於爆發（溢出杯外）時，就會產生衍生情緒。

那就是「憤怒」。

憤怒管理，也可說是針對爆發的憤怒，處理溢出的衍生情緒。爲此，該做的不只是減少注入杯中的水，更重要的是改善體質，**排出累積的多餘水分**。

不過，一定很多人搞不清楚「生氣」和「訓斥」的不同。接下來，我將就此一項目稍作說明。

「生氣」與「訓斥」的不同

所謂「生氣」，乃是自己的不滿或憤怒等屬於自身的情緒（正確來說應該是衍生情緒），「訓斥」則是爲對方著想而做出的理性發言。

也有人把以上概念總結爲一句話——**「生氣是為自己，訓斥是為對方」**。

話雖如此，實際上「生氣」和「訓斥」有什麼不同，有時實在很難分辨。

舉例來說，上司對在工作上犯下失誤的部下說：

「爲什麼總是做不到我要求的事？」

「你眞的有用心做事嗎？」

「才剛說明過，怎麼又不懂了？」

說這些話時，上司的語氣多半粗暴激動。

這是要讓對方明白「我正在生氣！」的發言，同時也有發洩自己壓力及指責對方的隱藏目的。充其量只是以自我爲本位的思考。

這就是「生氣」。

相較之下，「訓斥」是爲對方著想，希望提醒對方注意時做出的理智行爲。

「你認爲那位客戶爲什麼會生氣？」

像這樣，刻意用強烈的語氣指出對方的問題和應該改善的地方，就是「訓斥」。

以育兒爲例稍作說明吧。

假設，你遇到孩子用蠟筆在家中牆壁塗鴉的狀況。這種時候，你會對孩子說

「生氣」與「訓斥」的不同

生氣 為的是自己

為什麼
做不到！
你到底
有沒有
心要做！
發洩自己的情緒壓力，
指責對方。
上對下的態度。

訓斥 為的是對方

這麼做會造成
大家的困擾。
應該這樣……
指出對方的問題，
提出改善的方法。
對等的態度。

什麼？

「你在幹嘛？快給我住手！」

隨即搶走孩子手中的蠟筆，這就是「生氣」。孩子一定會被你怒吼的聲音嚇得當場哭起來，逃回房間。

「咦？你在畫圖嗎？可是，畫圖時不該畫在牆壁上，應該畫在圖畫紙上才對吧？來，我們把牆壁擦乾淨，在圖畫紙上畫漂亮的圖吧。」

這種說法才是「訓斥」。

美輪明宏（譯注1）先生也曾說過：「訓斥和生氣不一樣。訓斥是壓抑憤怒情緒，將對孩子有益的事（對孩子的感情），用孩子能理解的說法（理智）說服孩子。育兒需要的是感情與理智。」

這樣各位應該能理解「生氣」和「訓斥」的不同了吧。

不過，這裡的「訓斥」行為，和「讚美」一樣困難，尤其對日本人來說，更是一件不擅長的事。

為什麼日本人不擅長訓斥呢？

這是因爲**「訓斥」這種行為，很容易變成「上對下的態度」**。原本必須站在對等的立場，採取平等的態度，一旦成爲上對下施壓的狀況，對方聽進去的機率就很低了。若對方的情緒也愈來愈激烈，自己自然愈發衝動，這麼一來，只會陷入惡性循環的迴圈。

比方說：

「不知道該如何接觸現在的年輕人。」

「現在年輕人到底在想什麼，實在無法理解。」

「我年輕的時候明明是……」

「現在的年輕人一點毅力都沒有。」

就像這樣，社會上有很多這種將自己的價值觀強加在別人身上的人。

這就是典型的「上對下態度」。

另外，「不用多嘴，跟我做就對了」，也是上對下態度的一種，用這種態度說話，對方根本不可能聽得進去，更別說願意一起做事。

不過，「反正像我這種老一輩說的話，你們也不會聽」這種故作卑微，妄自菲薄的「下對上態度」，和上對下態度一樣討人厭，溝通當然還是不會順利。

「我可以保證！如果別人不幫我，我根本活不下去！」（譯注2）這是漫畫《航海王》中主角魯夫的名言，巧合的是，這句話秉持的正可說是「對等的態度」。

比起「廢話少說」的上對下態度，魯夫這句話更能打動人心，引起共鳴，也更重視人與人之間的對等交流。

就某種意義來說，像這樣的「對等態度」，或許也可視爲「平等對話」或「共享決策」吧。

相信大家都看過幼稚園老師和小朋友說話時，蹲下來使兩人視線等高的景象。用對方容易接受的姿勢和地位進行溝通，這就是「對等的態度」。

相對地，一味要求孩子「反正照我說的做就對了」，強制做不到的人服從，當狀況不如自己預期時還克制不住情緒動手打人，這種行爲應該稱爲「體罰」。很顯然的，體罰就是一種「上對下」的行爲。

請將這點謹記在心，接下來我將說明錯誤的訓斥方法與正確的訓斥方法。

◎錯誤的訓斥方法

①**隨心情好壞訓斥**……同樣一件事，因爲昨天心情好就放對方一馬，今天心情不好就毫不留情地加以訓斥。這種隨心情好壞改變的做法，只會讓對方混亂，無法讓對方聽話。

②**翻舊帳**……「這個上次也說過了吧」、「事到如今我就直說了」等故意翻出舊帳來追究的斥責方式，最容易令聽的人火大。訓斥時最重要的原則就是以前沒指責的事，這次也不能拿出來指責。

③**追究原因**……「爲什麼做不到？」、「爲什麼做這種事？」等追究原因的做法，和「揪出犯人」、「公審」沒什麼兩樣。只會傷害對方，讓對方賭氣不認輸而已。

④**使用強烈的措辭**……不能使用「總是」、「絕對」、「一定」、「百分之百」等強烈措辭。因爲「總是」、「絕對」、「一定」、「百分之百」只是你自己的認定，沒有客觀性。

◎正確的訓斥方法

很多上司會在朝會等員工聚集的場合，將業績不好的部下叫到衆人面前批判指責，或是用誇張的口吻誇讚業績好的部下，這種作法，只會招來員工私下抱怨「爲什麼老是針對我」，或「那傢伙就會拍上司和客戶馬屁，囂張什麼」，讓職場氣氛變得劍拔弩張。其實無論是斥責或讚美，都還有很多其他方法可以選擇。

總而言之，如果想做到正確且切實的訓斥，最重要的是當場（當下）清楚明瞭地告知對方被訓斥的原因，這種時候，建議可以按照以下幾個要點。

- 不流於衝動。
- 清楚說明原因。
- 簡單扼要。
- 不針對個人特質。

・不與他人比較。
・不翻舊帳，不記恨。
・個別訓斥。

簡單說明如下：

一旦流於衝動，口不擇言地回應或訓斥，只會加深彼此的怒氣。因爲怒氣是一種連鎖效應。請提醒自己保持平靜和氣的口吻，好好說出「訓斥」的原因。

此外，花時間長篇大論的訓斥會收到反效果，正確的訓斥應該是直截了當，簡單扼要。

個人特質指的是對方身體或性格上的特徵。訓斥時一定要避免使用人身攻擊或傷害對方心理的措辭。

沒有人喜歡被拿來與他人比較，尤其是在遭受訓斥時。被拿來和同事或同學比較是很多人最痛恨的事，請務必避免。

不翻舊帳，不記恨，不要把過去的事重新拿出來說。

最後，訓斥和嘉獎一樣，請嚴守一對一的原則，這樣效果最好。

松井秀喜效命洋基隊時的教練喬・托瑞（Joe Torre），是大聯盟唯一在選手生涯中擊出兩千支安打，在擔任教練後又帶領球隊打下兩千場勝仗的人。他堅持徹底的個別主義，絕對不會在更衣室置物櫃前訓斥或稱讚球員，無論訓斥或誇獎，都會將球員請到教練室，以一對一的方式進行。

大聯盟選手的自尊心都很強，其中尤以堪稱精英集團的洋基隊，球員們的自尊心都是別人的兩倍。因此，在眾人面前訓斥任何球員，都會嚴重傷害被訓斥的球員自尊。相反地，若在大家面前稱讚特定球員，又會讓其他沒被誇獎的球員心裡不是滋味，對教練產生叛逆心，變得不願服從教練指示。正因喬・托瑞懂得掌握這種微妙的心理，才能帶領球隊打下輝煌的戰績。

至此，「憤怒的眞面目」究竟是什麼，相信大家都有一定程度的理解。接下來，我將進一步說明實際上如何養成平息怒氣，將憤怒轉化爲助力的習慣。

譯注1………日本創作歌手兼演員，以一身女性打扮爲人所熟識。
譯注2………出自漫畫《航海王》第十集第九十話「能做什麼」，原文爲「おれは助けてもらわねェと生きていけねェ自信がある」。

PART 2

打消憤怒，平息怒氣

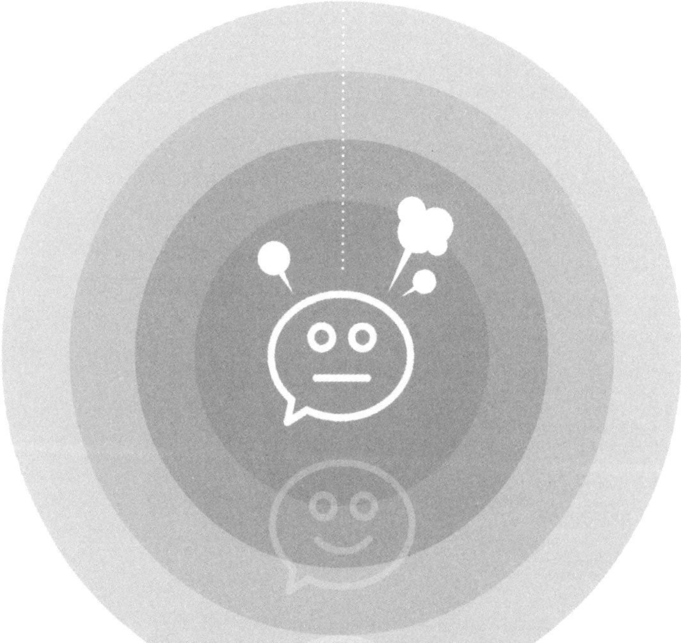

習慣
1

倒數數字

憤怒的高潮只維持六秒

使用倒數技巧，幫助自己冷靜下來，
將注意力拉到離發怒對象很遠的地方。

本書開頭已說明過，人的憤怒頂點最多只維持六秒。
只要六秒，憤怒的高潮就過了。最多就是六秒。
如何？是不是覺得意外的短？
所以，絕不能在這六秒內做出「反射動作」。
所謂反射動作，指的就是「口不擇言」、「回嘴」、「不假思索做出什麼」、「還手」。

「你總是這樣。」「你才總是○○吧？」
「再也別和我聯絡了！」「好啊，不聯絡就不聯絡！」

相信很多人都說過上面這種話。
日語有句話說「你怎麼對我，我就怎麼對你」，這句話正可說是典型的「反射動作」。

想平息怒氣，就看如何撐過這六秒。

如果無法撐過這六秒，可能招致最嚴重的後果。

怒氣一上升，臉就會脹紅，心跳也會加速，出現生理上的變化。這是因爲分泌神經傳導物質「去甲基腎上腺素」所引起的作用。去甲基腎上腺素在體內引發的情緒激動狀態需要六秒才會平息。

換句話說，只要能忍住這六秒，情緒激動狀態就會逐漸趨於平靜。

倒數數字的技巧具體來說，是透過**在腦中倒數數字**的行爲，把注意力從憤怒情緒上轉移，避免自己口不擇言或不假思索做出反射動作。

運用這個技巧，讓注意力瞬間跑到另一個地方，就能避免一時衝動造成無可挽回的後果。

方法很簡單，只要先**選一個大一點的數字，再以等距間隔的方式陸續減掉固定數字即可**。

比方說，選擇從一百開始，逐步減去三（一百、九十七、九十四、九十一……），或是從九十開始，逐步減去二；從八十開始，逐步減去六等等，隨自己高興怎麼做。

如果不喜歡數字，也可以從自己支持的棒球隊中按順序舉出上場打擊的球員。第一棒○○○、第二棒△△△、第三棒□□□……愈麻煩效果愈好。

總而言之，只要能撐過這六秒，就能避免陷入最糟糕的事態。

倒數數字、默念所有朋友的名字等方法爲什麼能有效平息怒氣，原因在於透過這種方式，**能將注意力拉到離發怒對象很遠的地方**。

前面也提過，人類會出現FF行爲（攻擊．逃避反應）。換個說法，就是當眼前出現危機時，身體會製造出立即反應的狀態。所以才會經常有「回過神時已經出手揍了對方」，或「不知不覺大聲喊叫起來」的行動。

據說大腦杏仁核從掌握怒意到做出反應的時間只有○點二五到二秒。換句話說，只要能順利撐過這段反射時間，就能控制自己的憤怒了。

另外，憤怒反應與包括杏仁核在內的大腦邊緣系統有關。由於倒數數字必須仰賴具備高等功能的大腦新皮質做出判斷，能爲我們爭取冷靜下來的時間。不要小看「花六秒時間數數」，或以爲這是很簡單的事。事實上，處於憤怒的狀態下，要忘卻情緒，轉而將注意力放在數字上並不容易。主要的原因是，如果沒有養成這種習慣，在抓狂的狀態下自己都不知道自己在做什麼。

舉例來說，棒球賽中難免出現觸身球。只是，球若擊中身體某些特別危險的部位，甚至可能造成令球員斷送運動生涯的後果。因此，被觸身球擊中的球員一定會生氣。尤其是被打到頭部等特別危險的部位時，更不是抱怨兩句就能了事，有時還可能壓抑不住怒氣，演變成毆打對方或多人互毆的混亂情況，導致強制退場或遭處罰金的下場。

這種時候就可以使用前述的倒數技巧，幫助自己冷靜下來，即使被觸身球打到也絕對不發怒，笑著表示「沒關係、沒關係，這也是沒辦法的事」，走到一壘。按

倒數數字讓注意力遠離憤怒來源

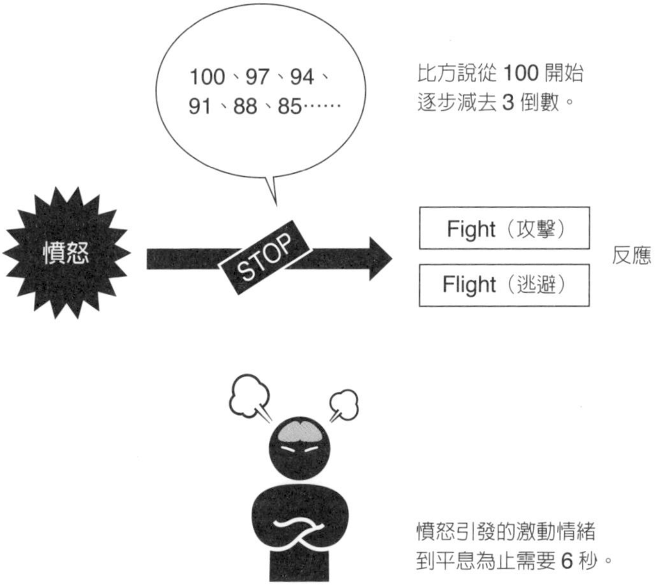
100、97、94、
91、88、85……
比方說從 100 開始
逐步減去 3 倒數。
憤怒
STOP
Fight（攻擊）
Flight（逃避）
反應
憤怒引發的激動情緒
到平息為止需要 6 秒。

除了數字之外，默念朋友的名字或花的名稱也可以。
總之就是要想辦法撐過這六秒。

照人之常情，只要看到這樣的表現，對方投手也會提醒自己「下次絕對不能再打到對方」。

日本棒球史上連續出賽紀錄保持人，亦有「鐵人」稱號的衣笠祥雄（原屬廣島東洋鯉魚隊），以及連續出賽全場及連續先發世界紀錄保持人金本知憲（曾效力廣島東洋鯉魚隊及阪神虎隊），都是擅長利用投手的這種心理，達到在下一次站上打擊區時以極高機率擊出全壘打的球員。

「說來簡單，做來卻不容易」，因此我建議大家利用憤怒程度較淺時，反覆練習倒數數字的技巧，增加對憤怒狀況的免疫力。畢竟「養成習慣比學習方法更重要」。

憤怒管理並不否定憤怒，允許發怒的條件如下：

①確實是對方的過失，且確實因對方的過失造成自己的損失。

以及

②上述過失必須為預料之外的過失。

重點是這裡的「以及」。

在公司也會有明明並未善盡職務卻愛抱怨別人的人，或是不管提醒幾次，還是滿不在乎犯下同樣錯誤的人。周遭的人對他們「不爽」、「火大」，也常聚在一起罵他們。然而，站在憤怒管理的觀點，那種人其實不在「允許發怒」的範圍。換句話說，不該對那種人生氣。

因爲他們平常就已經做出惹人生氣的事了，某種程度預測得到，說起來是足以養成免疫力的事態，所以不該把怒氣發在這種人身上。對他們感到憤怒時，正是要搬出「倒數數字」技巧的時候。

「一百、九十七、九十四、九十一……」，在心中如此倒數，讓自己重拾冷靜，避免因憤怒而衝動，轉換情緒。

或許有人會說：「要是能辦得到，早就這麼做了。只有特別優秀的人才做得到這種事吧！」不過，其實不用擔心。

只要運用下面說明的技巧，各位也能辦得到，不光是撐過憤怒頂點，還能將憤怒的情緒轉化爲正能量。

習慣

2

呼吸放鬆

分泌快樂荷爾蒙

憤怒情緒造成的呼吸紊亂，只要深呼吸兩三下就能穩住，

重整自律神經，讓自己重拾冷靜。

該如何撐過憤怒頂點的六秒？

這是個看似簡單，實則困難的問題。不過，有個可以搭配習慣「倒數數字」的有效技巧，那就是「呼吸放鬆」。

「誰教他要說那種話……」

「我又沒做錯，只是照上面吩咐的做而已……」

「不，才不是那樣……」

有些人會像這樣，不管發生什麼都認爲是別人的錯，擺出自己一點錯也沒有的態度，不管對方說什麼，一律以反駁或否認回應。

遇到這種人的時候，會感到火大也是人之常情。雖然不能以牙還牙、以眼還眼，但聽到這種教人生氣的話時，自己還是會忍不住也想說點什麼氣話回敬。

人在怒上心頭時，呼吸會變急促，無法保持冷靜。呼吸急促時，也代表自律神經變得紊亂，交感神經變得活躍。一進入這種狀態，就容易情緒不穩定，出現感到煩躁焦慮，不安加重的症狀。

這種時候，請先把氣話吞回去，大口大口深呼吸。憤怒情緒造成的呼吸紊亂，只要深呼吸兩三下就能穩住，重整自律神經，讓自己放輕鬆，重拾冷靜。

覺得倒數數字很麻煩的人，不妨試試這套深呼吸的技巧，很多人都對它的簡單方便感到意外。

關於深呼吸的方式，最有效的就是**腹式呼吸**。大家對腹式呼吸應該都不陌生，不過，在此還是介紹一下正確的腹式呼吸方式。

首先挺直背脊，用鼻子慢慢吸氣。此時，請一邊想像自己正將吸入的空氣積蓄在肚臍下方（丹田）。吸氣吸到底後先暫停呼吸，再用嘴巴緩緩吐氣，此時請想像自己正在將體內不好的東西呼出來。

這裡有個重點是，刻意延緩吐氣的時間，最好花吸氣時的兩倍時間慢慢吐氣。有些人認爲閉上眼睛做腹式呼吸會更容易鎮定下來。

不擅長腹式呼吸的人，可以試著在用鼻子吸氣時想像胸口有個空洞。這麼做將能增加情緒的穩定度，更有效地幫助自己撐過怒氣頂點。

光是深呼吸就有不小的效果了，再搭配**身體放鬆**與**想像放鬆**，將可消除大部分的憤怒情緒。

所謂的身體放鬆，指的是透過簡單的有氧運動消除壓力，達到放鬆的目的。這裡的有氧運動定義是「盡可能攝入氧氣，讓氧氣在體內燃燒脂肪，對身體負擔小、緩慢進行且具有持續性的運動」。

持續做超過一定時間的慢跑、騎腳踏車、游泳、有氧體操、瑜伽、太極拳、拉筋……這些都是具有代表性的有氧運動。在不帶給身體負擔的情況下做這些運動，大腦會分泌**使人獲得放鬆效果的「快樂荷爾蒙」**，也就是「血清素」等化學物質。這裡的重點是「不帶給身體負擔」。因爲過度鍛鍊身體反而會導致焦慮情緒，收到反效果。比方說，每天走一萬步就是適當的有氧運動。

腹式呼吸的正確方法

1 挺直背脊。

↓

2 用鼻子緩緩吸氣。
（想像吸進的空氣積蓄在肚臍下方）

閉上眼睛進行，
更容易放輕鬆。

↓

3 吸到底後暫時停止呼吸。

↓

4 用吸氣的兩倍時間慢慢從嘴巴吐氣。

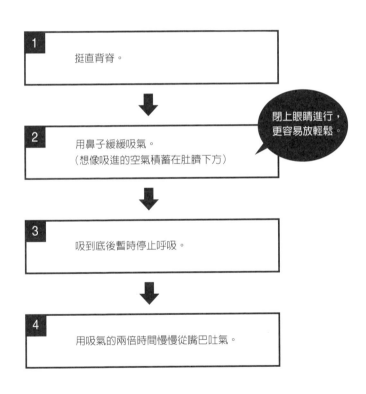

此外，適度的有氧運動也能改善身體狀況，促進精神安定與心靈健康。

另一方面，想像放鬆則是想像自己前往避暑勝地或森林公園，泡溫泉或接受按摩等讓身心放鬆的體驗，透過彷彿度假時產生的輕鬆心情達到令情緒平靜的效果。

比方說，可以想像自己躺在草地上打滾，沐浴在溫暖的陽光下，聞著新綠清新的氣味，接受陣陣微風吹拂……想像自己置身這些（似乎可以）令身心放鬆的場所，讓情緒鎮定下來，就能冷靜應對眼前令人憤怒的事態了。

透過想像曾經使自己放輕鬆的某種體驗，會更容易獲得快感，儘快將憤怒歸零。

遇到令人煩躁焦慮的狀況時，最適合使用深呼吸放輕鬆和想像放鬆的方法。

身體放鬆與想像放鬆

身體放鬆

- 慢跑
- 騎腳踏車
- 游泳
- 有氧體操
- 瑜伽

簡單的有氧運動
能促進分泌
「快樂荷爾蒙」。

想像放鬆

身心放鬆的體驗 → 讓憤怒歸零

習慣

3

停止思考

停止思考的技巧

命令大腦停止思考，
就能幫助自己暫時從「惡性思考的迴圈」中獲得解放。

由於憤怒的情緒容易形成強烈的連鎖效應，有時甚至怎麼也無法抑止。一旦對方的言行舉止讓自己感到「不爽」，就再也無法抵擋內心如沸騰般翻湧的憤怒情緒，進而情不自禁破口大罵「開什麼玩笑！」，加速憤怒升級。

如果放任這種憤怒情緒不管，憤怒將會愈來愈擴大，產生做出衝動行爲的危險性。

這種時候，我建議使用的是**「延遲技巧」**。延遲，就是延遲自己的反應。

先嘗試習慣一的「倒數數字」和習慣二的「呼吸放鬆」，如果還是無法收起對眼前對象的憤怒，爲了不讓自己將怒氣直接宣洩在對方身上，不妨暫且採取「拖延戰術」。只要最終能夠撐過盛怒的六秒，就能讓腦中的怒氣冷靜下來。

最具代表性的拖延戰術就是停止思考。

懷抱強烈怒氣時，腦中充斥想反駁對方的言論，這種時候，首先要做的就是**「製造思考停止的狀態」**。

一感覺到怒氣快要佔領全身時，請立刻這麼呼籲自己：

「停下來！」

「STOP！」

「別再想了！」

這樣對自己喊話。

總而言之，就像張開雙手拚命擋住失控的車一樣，在心中不斷反覆對自己喊話。

氣勢銳不可當，如今已成長爲日本「國民第四棒」的日本火腿鬥士隊選手中田翔，其實在剛加入球團時就遇上了考驗。低迷的成績使他心生焦慮，在面對記者毫不留情的問題時，經常不加掩飾地直接發怒。

然而，加入球團第三年時，當他看到以第一指名風光進入球團的齋藤佑樹，面對球迷與媒體時總是彬彬有禮，在團隊裡的行動也發揮了協調性，使中田開始重新思考自己的態度與想法。

他告訴自己，就算對方的應對令人火大，也要在心中默念「稍等一下」，努力讓自己不立刻陷入憤怒反應，「不要生氣，不要想了，停！」如此向自己喊話，就像自我催眠一樣。「不只對棒球的態度改變，自己的各種思考都起了很大的變化」。這樣的中田翔後來在球場上的活躍，相信大家都很清楚了。

工作的時候，若接二連三失誤，有時也會產生「其實應該那麼做才對吧？」，或「早知道就該先問某某人的意見」等等想法，思考起種種「早知道……」的假設狀況而不可自拔。

當這些根本無法解決問題的思考毫無止盡地盤旋腦海，就證明你的精神已相當疲憊，或許正面臨壓力極大的狀態。疲憊的頭腦再怎麼思考也得不出好答案，這種時候就該讓「停止思考」的技巧上場了。具體做法可自己設定，只要不斷呼籲自己「STOP THINKING」就對了。

告訴自己「今天早點回家睡覺吧」，或「好好泡個澡休息一下」也不錯。

總而言之，**命令大腦停止思考，就能幫助自己暫時從「惡性思考的迴圈」中獲得解放**。

問題是，即使能暫停思考，實際上要「什麼也不想」並不是一件容易的事。就算要自己「別想了」，腦中依然浮現各種雜念才是人之常情。

前面說明習慣二的「呼吸放鬆」時，曾經提過可在進行呼吸時想像胸腔有個空洞的要領，執行「停止思考」的技巧時，請用同樣的要領想像大腦是個空洞（什麼都沒有），或者想像「腦中就像一張白紙」也可以。

借助想像的力量，將更容易爲自己製造出「什麼都不想」的狀態。

接下來，我將介紹幾個在借助想像力停止思考時伴隨的技巧。

STOP THINKING，停止思考

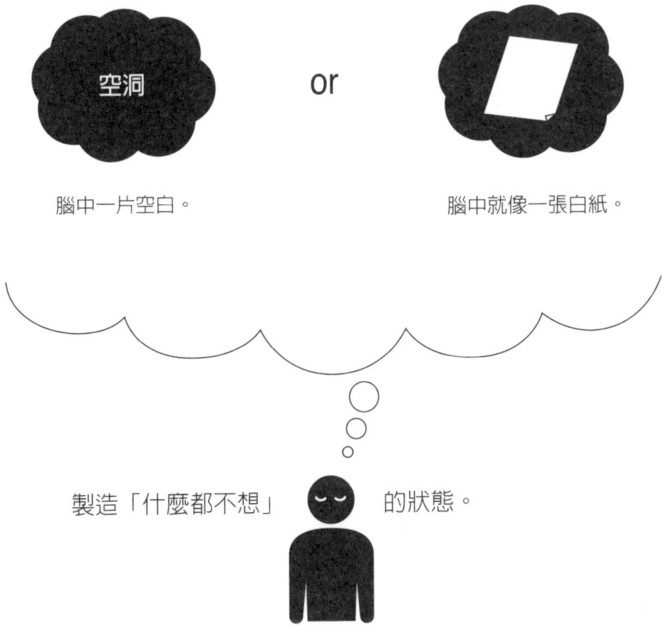
空洞
or
腦中一片空白。
腦中就像一張白紙。
製造「什麼都不想」
的狀態。

◎奇蹟之日訓練

首先，請想像一個理想的日子（＝奇蹟之日）。想像在那個日子裡，自己的心情有多美好。

這麼一來，心情就會變得鼓舞雀躍。擁有這種心情的人，不可能捲入憤怒情緒之中。

比方說，現在你和部下一起進行一項計畫，客戶卻提出不可理喻的刁難，部下又無法達到自己的要求，工作進度延宕停滯。

遇到這種情況，任誰都會想抱怨「我到底爲了什麼工作」，怒氣隨時可能爆發。

這種時候，請先將現狀放在一旁（停止思考），想像自己面對的各種棘手問題都已解決，正迎來一個美好的日子（奇蹟之日）。

想像在這麼理想的一個日子裡，你的心情怎麼樣？臉上會出現什麼表情？身邊的狀況有了哪些變化，又有誰察覺了這些變化？

相信奇蹟之日一定會來臨，堅持不放棄夢想的人很多。

舉例來說，改編眞人眞事的電影《心靈投手》（*The Rookie*）主角吉姆．莫瑞斯（Jim Morris）就是其中一個。莫瑞斯從小夢想成爲大聯盟球員，雖然一直以此爲目標，卻始終無法實現，只能一邊當高中老師，一邊擔任校內棒球隊的教練。

當球隊成績低迷時，爲了激勵球員，吉姆告訴他們：「你們要有夢想！」球員們卻反過來問他：「教練爲什麼無法當上正式球員？」一語驚醒了莫瑞斯。決定重拾夢想的他，最終通過坦帕灣魔鬼魚隊（後更名爲坦帕灣光芒隊）的測試，在三十五歲那年成爲「最老的菜鳥投手」，成功站上大聯盟球場，並在兩年之內出賽二十一場。無論勝敗與否，終於實現了自己長年以來的夢想。

此外，如今在全世界擁有高達兩萬家分店的肯德基（KFC）創辦人山德士上校，在創辦第一間分店時也已經六十二歲了。

無論是莫瑞斯或山德士上校，都親身證明了一個道理——**「實現夢想永遠不嫌太晚」**。

同樣的，日本經營之神松下幸之助的「在失敗時放棄所以才會失敗，唯有持續到成功才會成功」，成功哲學始祖拿破崙．希爾的「持續挑戰直到成功，這樣就不會成爲失敗者」、「我從以前就喜歡『永不妥協』這句話」，以及持續鍛鍊非慣用腳的左腿，以左腿爲武器，成功拓展自身潛力的足球選手本田圭佑，都是憑著「絕不放棄夢想」的信念成功實現夢想的例子。

想像目標終點，確立朝那天前進的方向及目的，盡可能提高實踐目標的意願與動力，終將迎來奇蹟之日。

◎積極時刻（回顧成功）

意氣消沉，好像快要陷入不安焦躁的時候，藉由回想自己曾經成功的瞬間，記起充滿喜悅的自己和積極向前的自己，將怒氣歸零，這就是「積極時刻」。

尤其是晚上睡覺前，不妨回憶**人生中最開心那一刻**的情緒，**重新體驗**當時的心情。

回顧過去的成功經驗，想像眼前擔心的事都會順利，這也可以說是再次體驗了一種**「模擬成功經驗」**。

不過，如果只是籠統地想「當時眞好～」可不行。必須**盡可能具體回憶**當時的細節，像是「以打進甲子園爲目標，打進夏季縣預賽第一回合時，即使排第一棒上場也毫不緊張，順利將球打往左外野的瞬間」，這樣才是正確的「重新體驗」。

在一天結束時做這件事，消除囤積在心裡的壓力和憤怒情緒，**隔天早上起來時就能神清氣爽，心情像是獲得重整一般**。

工作出了差錯，帶著沮喪的心情回家，連一點食慾也沒有的時候，不妨運用「積極時刻」的要領，回想自己成功時的體驗，重新整理心情，轉變爲面對明日工作的活力。

在此舉世界撐竿跳女王葉蓮娜・伊辛巴耶娃（Yelena Isinbayeva）的例子說明如何應用這項要領。

葉蓮娜寫下曾被視爲「不可能」的女子撐竿跳五公尺紀錄，成功刷新世界紀錄二十次。明明光是這樣就足以稱爲一位偉大運動員了，只要看到她上場，觀眾無不期待她能再次刷新世界紀錄。她用「這是一件非常痛苦的事」來形容備受期待的壓力。

然而，爲了克服這樣的壓力，她刻意將「世界紀錄就是我的名片」掛在嘴上，不斷練習，還將目標設定爲超越「空中鳥人」謝爾蓋·布卡（Sergey Bubka）寫下的三十五次刷新世界紀錄。

光是贏得比賽無法使她滿足，不斷以更好的成績爲目標。這或許正是人們總期待葉蓮娜上場比賽，並深受她感動的原因。

◎COPING MANTRA（應對咒語、魔法詞彙）

COPING MANTRA的「COPE」指的是「在出現問題時善加應對」，「MANTRA」指的是「反覆使用的語句」（咒語、魔法詞彙）。

事先決定好一段魔法詞彙，遇到感覺情緒高昂時，或無法壓抑情緒時，拿出來誦念，好讓自己恢復冷靜。花時間誦念這段咒語，就不會反射性地把怒氣發洩到對方身上，也可視爲一種爭取時間的「拖延戰術」。

事先決定好一段語句，用來當作自己的「MANTRA＝咒語、魔法詞彙」。MANTRA的內容不拘，只要能透過誦念讓自己重拾冷靜就行了。

下面只是舉例，只要自己念起來方便（朗朗上口），句子長短也不拘。**伴隨動作效果更好**，最重要的是讓身體記住這句話。

「冷靜下來。」

「放輕鬆點。」

「生氣也不能改變什麼。」

「不需要隨對方起舞。」

「這是常有的事。」

「別放在心上，別放在心上。」

「度量還太小了。」

創造一句自己專用的「MANTRA」，做為「固定台詞」。

一時火大或怒上心頭時，就反覆誦念這句話，製造讓自己重拾冷靜的固定模式。

MANTRA可以發出聲音念，也可以在內心默念。**如果處在發出聲音也不會打擾別人的地方，就請積極地念出來吧**。從嘴巴到耳朵再傳遞到大腦，能提高魔法詞彙的速效性。

至於誦念的次數，有這麼一個說法可參考。日語中「實現」的漢字（叶）由口與十組成，因此，據說把願望、希望或夢想說出十次就會實現。用同樣的觀點思考，**MANTRA**或許也可以念十次。

附帶一提，如果念了十一次就變成「吐」了，所以最多還是維持十次吧。

以強烈明星風采給人深刻印象的「棒球先生」長嶋茂雄，身為一位明星球員與明星教練，他的棒球路其實走得並非一帆風順。

長嶋茂雄在球場上的出道賽是一九五八年的開幕戰，在這場比賽中，面對國鐵隊投手金田正一，長嶋連續四次揮棒落空遭到三振。當上教練的第一年也只率領球隊獲得四十七勝（七十六敗），創下巨人隊史上最低排名。

長嶋教練曾說：「我深刻體認到自己的人生波濤洶湧，在選手生涯第一場開幕戰上連續四次揮棒落空遭到三振，當上教練後第一個拿到的名次是吊車尾。我只能告訴自己，**接下來會愈來愈好**。」

此後，他遇到任何事都會告訴自己這句話，直到終於開創不負「棒球先生」名號的成功人生。

二〇一二年十一月，曾在雪梨奧運奪下柔道男子重量級金牌的井上康生，就任全日本男子柔道總教練。

運用「魔法詞彙」（MANTRA）的力量，他在二〇一三年的世界柔道錦標賽上，順利催生了三位金牌選手。

對超輕量級的高藤直壽（隸屬東海大學）說的魔法詞彙是：**「成為我教練生涯第一位世界冠軍吧，答應我。」**

對次輕量級的海老沼匡（隸屬Park24）說的魔法詞彙是：**「你是值得成為世界第一的人。」**

對輕量級的大野將平（當時隸屬天理大學）說的魔法詞彙則是：**「創造屬於你的時代！」**

這就是他使用的魔法詞彙。

英國F1賽車手尼高．曼賽爾（Nigel Mansell）於一九九二年贏得期待已久的世界冠軍。十歲開始參加卡丁車賽的他，爲了成爲賽車運動界最高等級的F1賽車手，長年住在連淋浴設備都沒有的老舊露營車中四處移動，好不容易才在一九八〇年成爲蓮花車隊的測試車手，實現了參加F1大賽的心願。

這樣的尼高在第一次獲得冠軍時說：

「如果試一百次不行，那就試一百零一次。」

無論發生什麼事也絕不放棄。尼高．曼賽爾憑著只要活著就不失去希望的積極精神，實現了自己的夢想。

美國的競速滑冰選手丹．詹森（Dan Jansen），參加過四次奧運，更新過八次世界紀錄。

他的實力雖然毋庸置疑，在奧運會場上等著他的卻是一連串的不走運。第一次參加奧運只得了第四名。第二次參加奧運，上場前得知親姊姊因白血病過世的消息，大受打擊的他分別在參加五百公尺與一千公尺項目時跌倒棄權。第三次參加奧運也沒能拿到獎牌，被人稱作「悲劇選手」。拿到心心念念的獎牌是他第四次參加的利勒哈默爾冬奧，此時他的運動員人生早已過了巔峰，以年紀來說也是最後的機會。

「你的速度永遠都那麼快不是嗎？去吧，去滑這一趟。」

這是他在最後參賽的一千公尺項目開始前對自己說的話。這句話穩定了他的精神狀態，最後終於拿到金牌。

這或許稱得上是丹·詹森的眞本事。

另外還有一人，少女偶像團體AKB48的第一任總監督高橋南也有一句名言。

「我高橋南將用一生證明，努力必定有所回報。」

事實上她應該很清楚，努力未必能獲得回報。即使如此，她仍懷著「希望每個努力的人都能獲得回報」的心情，持續說著這句話。而這句話也不知道帶給了多少人勇氣。

再怎麼努力也拿不出成果，同事們都出人頭地了，只有自己還在原地踏步，不管做什麼都事與願違……如果你也是正嘗著這種滋味的人，讓我告訴你一句魔法詞彙——**「既然～，就當作～吧！」**

馬拉松教練小出義雄的學生有森裕子，是個不逼自己鍛鍊到極限就會感到不放心的選手。有一次，因爲練習過度，負荷不了的腿就此報銷。

「大賽就快來臨，我的腿卻出了問題，爲了調整狀態，練習進度都落後了，怎麼辦！」有森焦急地問。此時，小出教練對她說的是：「既然腿出了問題，就做現在能做的事吧。」和「既然老天要妳暫時休息，妳就好好休息吧。」

因爲這番話而穩住陣腳的有森，冷靜專心治療腿傷後，在大賽中順利奪下獎牌。

收購、販賣中古車的Gulliver International公司董事長羽鳥兼市也有一句口頭禪。不管發生任何事，從他口中說出的都是「太好了、太好了」。在這句口頭禪後面，他會再接上覺得「太好了」的原因，比方說「太好了、太好了，受傷的程度不嚴重」，或是「太好了、太好了，現在還睡不著，拜此之賜，明天一定會睡得很好」。

小出教練和羽鳥董事長的「魔法詞彙」，任何人不管遇到什麼狀況，都可以拿來使用。

如果你是率領團隊的人或主管，一時之間又想不到什麼適當的魔法詞彙時，不妨試著嘗試最簡單又有效的話語。

看到部下工作進展順利時——

「很像你會做的事！」

同樣的，看到部下犯下什麼失誤時——

「不像你會做的事！」

只要這麼說就夠了。

當然，前提是你確實了解對方，彼此之間也不是毫不相關的陌生人。只要符合這些條件，上面這兩句話就稱得上是「魔法詞彙」。

附帶一提，將魔法詞彙和習慣二的「呼吸放鬆」一起使用，效果會更好。深呼吸後說出魔法詞彙，讓情緒慢慢緩和、穩定下來。

世上有很多人滿嘴只說自己的事。非得應付這種人不可時，要是隨便應和，恐怕得聽對方說話說到地老天荒。然而，一旦聽得厭煩了，忍不住打斷對方，說出「可以換個話題了吧」，恐怕又會觸怒對方。

這種時候，就把自己當成漫才師吧。

也就是說，假設對方是負責裝傻的搭檔，自己則負責吐嘈，**在心中暗自吐嘈對方**。

即使不是擅長吐嘈的關西人，這種時候的「魔法詞彙」也要用關西腔說「那又怎樣啦？」如果用標準腔說「那又如何？」感覺語氣太重，反而容易引發自己的衝動怒氣。

舉個例子：

「真的，以我們公司的狀態來說就是○○○。」（「那又怎樣啦？」）

「而且啊，這可說是╳╳呢……」（「那又怎樣啦？」）

就像這樣，一邊在心裡吐嘈，一邊把對方說的話當耳邊風。

在內心吐嘈，可避免自己發洩太多情緒在對方身上，和對方保持某種程度的距離。

這種手法不只用在對方只顧著說自己的事時，在面對老愛抱怨的婆婆時也很好用。

比方說。

「妳這個媳婦眞是不會看人臉色。」（「那又怎樣啦？」）

「哎呀，妳怎麼又買新衣服了？眞浪費。」（「那又怎樣啦？」）

就像這樣，拿「那又怎樣啦」這句話當作魔法詞彙，對方說的話就讓它左耳進、右耳出，婆媳關係應該也能融洽一些吧。

◎自我精神喊話（積極有活力的訊息、正向思考的語句）

受到不當評價感覺挫折沮喪，或是因爲太忙碌而煩躁焦慮時，懷著積極的心情誦念事先決定好的「積極活力訊息」或「正向思考語句」，將爲自己帶來勇氣，達到激勵鼓舞的效果。

比方說，事先準備好「現在正是成長的好時機」、「這樣下去會沒完沒了」或「明天局勢一定會改變」等等鼓勵自己的語句。

自我精神喊話的重點有下面三項：

①使用積極正面的詞彙。

②秉持鼓起幹勁的態度。

③發出聲音，反覆多念幾次。

舉個簡單易懂的例子，前巨人隊選手，也曾是DeNA海灣之星隊教練的中畑清，他就經常把**「狀況絶佳！」**掛在嘴上，這句話甚至成了他的代名詞。

最早開始說這句話，是選手時代被當時的教練長嶋茂雄詢問狀況如何時，中畑清回答了「還可以」，卻被教練斥責「做出這種回答的球員無法上場，要回答自己狀況絶佳」，從此之後，「狀況絶佳」這句話就成了中畑清的口頭禪。這句話正可說是典型積極、簡短又充滿幹勁的詞語，發出聲音念出來就能達到提振精神的效果。

據說人類的大腦較容易浮現負面詞彙。因爲不這麼做的話，有可能忽略身邊的危險。然而，負面想像會影響實際行動也是不爭的事實。不好的想像只會引發不好的行動，正因如此，才必須透過正面的自我精神喊話，**對自己下暗示，修正思考的軌道**。

魔法詞彙和精神喊話的差異在於，前者偏向書面語或簡短的詞彙、咒語，後者則偏向一段較長的訊息或語句。

此外，魔法詞彙的作用是讓情緒穩定下來，幫助自己重拾冷靜，**自我精神喊話的目的則是鼓舞情緒，激勵自己**。

一如中畑清的例子，自我精神喊話和魔法詞彙具有相輔相成的效果，一起使用，效果倍增。

留下《尋子遇仙記》（*The Kid*）、《大馬戲團》（*The Circus*）、《摩登時代》（*Modern Times*）、《舞台生涯》（*Limelight*）等名作，堪稱電影史上最偉大喜劇之王的查理·卓別林（Charlie Chaplin），在被問到「你的最高傑作是哪一部？」時，總是這麼回答——

「Next One（下一部）！」

這句話傳遞的是「不用在意過去、已經結束的就讓它結束」的訊息。

廣受電視機前觀眾歡迎的日本藝人萩本欽一（阿欽）先生，也有讓他覺得「這人真討厭」的對象。

據說這種時候，阿欽總是要自己這麼想：

「對方只是剛好不在我喜歡的那一邊」。

人類的心理是這樣的，一旦把「討厭」兩字說出口，就會忍不住只看對方討厭的地方。相較之下，說出「喜歡」兩個字時，就看得到對方的優點了。

雖說只要能夠喜歡所有人就沒問題，但人生在世，難免會有無論如何都無法喜歡的對象。這種時候，阿欽說，與其聚焦在「討厭」的情緒上，倒不如把對方想成「只是剛好不在自己喜歡的那一邊」就好。

如果能用「喜歡」這個正面詞彙取代負面的「討厭」，以更積極正面的態度看待討厭的對象，至少能夠保持友好的人際關係。

在二〇〇一年大阪國際女子馬拉松賽上，第一次參加馬拉松大賽即創下世界紀錄並獲得冠軍，日後又刷新一萬公尺日本紀錄，實力與成績皆毋庸置疑的澀井陽子，不知為何，在奧運選手選拔賽上就是無法發揮實力。

比方說，她在雅典奧運的選拔賽上只獲得第九名，在北京奧運的選拔賽上也只留下第七名的結果。當時，澀井認爲「是自己背叛了自己」，心情大受打擊，有將近兩個月的時間無法投入練習。再加上同事土佐禮子和教練一起參加了雅典奧運，令不得已只能獨自練習的澀井陷入苦惱。不過，在經歷一番苦惱之後，她做出了結論：

「再怎麼感嘆也無法挽回失去的東西，既然如此，只能前進了。」

她達到了這樣的境界，發現如果想積極向前，再怎麼回顧過去也於事無補。這或許可以說是讓她從負面思考轉成正面思考的一句話。

找回幹勁的澀井，在與二〇〇四年雅典奧運同年舉行的柏林馬拉松中跑出兩小時十九分四十一秒的成績，成功刷新了原本由高橋尙子維持的日本紀錄。

還有很多運動員擅長使用自我精神喊話控制情緒，實現夢想，也獲得了成功。曾榮登七次打擊王，達成連續十五年打擊率突破三成，被稱爲「安打製造機」

的球員羅德．卡魯（Rod Carew）曾說：

「小時候也好，成爲大聯盟球員的現在也好，我一直秉持『絕對打得到』的信念。」

「投手是誰都一樣。當我充滿自信站上打擊位置時，也想讓對方投手明白，我是全世界最好的打擊者。」

這份自信背後，當然有著不惜血汗練習而來的自負。再加上將這些正面積極的話語說出口，等於自己在背後推自己一把。

對了，自我精神喊話的訣竅，就是一定要**用「未來完成式」說給自己聽**。

這是因爲，即使心情上「希望會順利」，心中仍含有一絲「要是不順利怎麼辦」的不安。大腦能夠察覺這種不安，導致身體跟著緊張，便無法發揮最佳實力了。

所以，千萬要迴避「自己是沒用的人」、「這樣下去一定會發生不好的事」之類的負面詞句，只要用**「如果是我一定會順利，沒問題！」**等未來完成式的詞語，緩和腦中的不安，同時藉由這些堅定的話語激勵自己，消除焦躁憤怒來源的不安情緒。

以上列舉了許多與習慣三「停止思考」有關的小故事或案例。雖然每一個案例都很短，卻都包含了能在日常生活中應用的內涵。

請參考這些案例，想出屬於自己的魔法詞彙、精神喊話內容及幫助正面思考的語句，試著運用在今後的職場與人際關係上吧。

習慣

4

安心穩步

集中意識的技巧

意識愈集中在憤怒的事情上，怒氣最終會大爆發。
透過思考其他對象轉移注意力，平息憤怒的情緒。

看到業績不振的下屬說著「景氣這麼差，根本沒有客人會輕易掏出錢包」，或「就差一點了，只可惜客戶怎麼都不肯點頭」之類的話，講得好像業績不好的責任完全不在自己身上一樣，此時身爲上司的你難免氣血攻心，瞬間想大喊「開什麼玩笑！」

這種時候，如果把焦點聚集在滿嘴藉口的下屬身上，一定會因憤怒驅使而脫口說出氣話，事後大家的情緒都好不到哪裡去。

所以此時，請不要把注意力聚焦在令人發怒的對象（也就是下屬）身上，必須透過思考其他對象轉移注意力，才能平息憤怒的情緒。

以下將說明爲了達到這一點所需的技巧——**「安心穩步」**。

安心穩步（grounding）原本指的是「落足大地、站穩腳步」的意思，運用在憤怒管理時，則將其解釋爲「當場集中意識」。

生氣這種事，往往在事後回想時連自己也感到疑惑，「當時爲什麼會那麼生氣？」這是因為當下的意識都被憤怒情緒掌控了，我們一旦感到憤怒時，眼裡就什麼都看不到了。

意識愈集中在憤怒的事情上，怒氣就會愈來愈膨脹，最後終於大爆發。有時造成傷害對方，甚至釀成無可挽回的事態，還可能在一瞬之間失去重要的人。為了不要淪落到這種下場，必須在怒氣產生時立刻將意識轉向與憤怒原因無關的事物上，撐過怒氣高漲的這段時間。

使用安心穩步的技巧，**將意識集中在觀察身邊的事物**，會發現攻心的氣血「咻」地散去，情緒重歸冷靜。

集中意識的對象物可以是筆、手機、時鐘或書，什麼都可以，總之目的就是要轉移當下的注意力。

比方說，在開會的時候，一起開會的對象表現出瞧不起自己的態度，實在教人火大。

使用安心穩步的技巧集中意識

將意識集中在發怒對象與自己之間的物體，
可以有效地轉移注意力。

這種時候，試著想想「今天開會的內容和上次說的完全不一樣嘛」，或「萬一下次對方又提出不同的要求，該怎麼駁回」等等，將思緒拉回開會的內容上。

此外像是「早就跟美容院約好時間，卻讓我到了之後又空等三十分鐘」，或「被對方笑著打了馬虎眼」，人類就是會爲這種雞毛蒜皮小事發怒的生物。

這種時候，最適合派「安心穩步」上場救援。

最有效的安心穩步做法，是將意識集中在**對方與自己中間的物體**（比方說手機螢幕上的裂痕等等），如果對方背後的牆上掛有時鐘，也可以把注意力放在秒針上，藉此撐過憤怒的高潮。只要能忍耐六秒，怒氣就會慢慢平息了。

應該很多人都看過最後一集收視率超過百分之四十的超人氣電視劇《半澤直樹》吧。是否還記得故事中段有個這樣的場景呢？

半澤直樹的同事被外派到融資對象公司擔任財務部長時，爲了貸款事宜，回來低頭拜託銀行，卻被譏諷「你這樣還敢說自己曾在銀行工作過？」貸款的事也遭拒絕。這時，他為了壓抑內心的憤怒，低垂的視線正好看到手邊的文件，便從頭開始一一默記起上面的數字和密碼。

這正是「安心穩步」的技巧。

被自己曾經隸屬公司（銀行）的人當成蟲子踩在腳下，儘管受到這樣的屈辱卻不能讓憤怒爆發，只好死命盯著那些無意義的數字，藉此平息怒氣。

憤怒的情緒往往接二連三湧現，當自己陷入這種狀態時，最有效的遏止方式就是透過安心穩步的技巧集中注意力。

順便一提，那位前同事聽了半澤直樹的話後重新振作，在外派單位漂亮地谷底翻身。我無法確定他是否熟悉安心穩步的效果，不過，要是在融資未果時任憑怒意爆發，當場口吐惡言甚至動手打人，一定會釀成無可挽回的後果。

安心穩步的技巧也能用在「一想起來就生氣」的狀況上。以剛才的時鐘為例，假設你在回家後想起今天在公司發生的不愉快，怒氣重新湧上心頭。

一感覺到這種情緒時，請立刻將意識集中在手錶上，仔細觀察錶面的顏色、錶冠的形狀、錶帶上刮花的痕跡、錶面上數字刻度的特徵等等。將意識集中在手錶上，藉此逃開憤怒情緒。

將自己的意識集中在「當下、當場」，無論是腦中浮現過去發生的事，怒氣再次湧現，或是盤算起未來怎麼報復，這些情緒都能透過「安心穩步」的技巧達到遏止的效果。

習慣

5

請求暫停

重新來過的技巧

離開令你感到憤怒的地方，移動到另一個場所。

從怒上心頭的狀態退後一步，爭取時間讓自己冷靜下來。

在會議之類的場合，對自己的想法或創意很有自信的時候，往往無法坦然接受上司或同事的反對意見，一旦遭到反駁就想要反駁回去，使討論陷入白熱化。

若彼此提出的都是具有建設性的意見，多多少少的白熱化其實也是好的。問題是，當爭執愈演愈烈，變成一場彼此互相挑剔的爭吵，其實只不過是彼此都不想認輸罷了。到最後，會議也很可能演變爲與原本主旨毫不相關的爭辯。

在這種狀況下，**「請求暫停」**的技巧將會是個有效的對策。

籃球比賽中，當自己的隊伍陷入不利戰況時，可以請求暫停，研究隊伍下一步該怎麼打，讓情緒激動的球員暫時冷靜下來。憤怒管理中的「請求暫停」技巧，就和這是一樣的意思。

在冰上曲棍球場上做出粗暴動作的球員，有時會被宣判離場五分鐘。這麼做有「讓腦袋冷靜一下」的意思，能夠暫時冷卻怒上心頭的火氣，中斷當下湧上的情緒。

舉例來說，假設會議時陷入了「彼此都不肯讓步」的膠著狀態，此時若判斷只需要短時間的「暫停」就能解決的話，不妨主動表示**「我去上一下廁所」**，藉此離開位子一段時間。利用這段時間放鬆呼吸或做點簡單的拉筋運動，讓身心沉靜下來。

也可以說「喝個茶休息一下吧」或「好像有點悶熱，開個窗讓空氣流通吧」，起身打開會議室窗戶，或是站起來調整空調，光是這樣就能轉換情緒了。

如果膠著狀態需要長一點的時間才能解決的話，又該怎麼做呢？

此時不妨這麼提議：

「非常不好意思，可否暫時中斷這個議題？這樣繼續下去，我自己沒辦法冷靜討論。**請給我一點時間，讓我冷靜一下**。至於時間……如果能暫停一小時是最好的，不知大家意下如何？一小時後，大家再回來針對這個議題重新展開討論吧。」

總而言之，「請求暫停」的重點就是暫時**離開這個令你感到憤怒的地方，移動**

到另一個場所。站起來走動也能重整自己的情緒。

就像這樣，從氣急敗壞，怒上心頭的狀態退後一步，爭取時間讓自己冷靜下來，平息不斷攀升的憤怒情緒。

使用這個技巧時，最重要的是一定要告知對方自己將離開現場，同時**平靜地讓對方知道自己會再回來，以及需要離開多久**。

什麼都不說就掉頭離開，只會給人「氣得跑掉」的印象，感覺就像丟下一句「這種地方我再也待不住了」的氣話，反而是火上加油的行爲，很可能加深對方的怒氣。

這個技巧不限於用在工作場合。

早上自己正忙著準備出門時，小孩卻坐在餐桌旁發呆。

「趕快吃早餐！」你不得不如此催促。

好不容易把早餐吃完了，還穿著睡衣的小孩竟又看起電視。

「快去換衣服！上學要遲到了！」

如果孩子每天都這樣，大人難免也會想怒吼。

這種時候，不妨這麼說：

「我去幫你拿外出服，你快點吃早餐。」

或是「媽媽趕著上班，先去換衣服喔。」

暫時離開孩子身邊，讓情緒穩定下來。

夫妻吵架時，也可以使用「請求暫停」的技巧。

事前講好，如果吵架一發不可收拾時，就宣佈「○分鐘後再回來」，然後當場離開。

大部分的夫妻吵架，都是吵些「你有說過」、「你沒說過」、「你有做過」、「你沒做過」之類的事，吵完之後回頭冷靜想想，幾乎都是只要好好談過就能妥協的事。然而，吵架的當下彼此都不肯讓步也是人之常情。

只要彼此事先約定好，一旦遇到爭吵，憤怒的情緒達到頂點時，就要說出「○分鐘後再回來重新談過」，然後暫停爭吵。這麼一來，就像爲彼此準備一段冷靜期，冷靜過後再回來，對話往往會變成「我剛才或許說得太過分了」、「沒關係啦，我也說了不太客氣的話」，相信一定可以很快和好如初。

爲了不讓煩躁憤怒的情緒反射性地爆發，使用「請求暫停」的技巧會是個很有效的方法。

◎請求暫停時的注意事項

請求暫停時有兩個重點。

第一個重點是，一定要說明清楚**期限**，也就是一定要告訴對方**「過多久之後再回來」**。

另一個重點是，表明**「不夠冷靜的只有我自己」的立場**。「我們彼此都好好冷靜一下吧」或「你最好也冷靜一下」的說法，很可能更加觸怒對方。

但是，若改用「需要冷靜的充其量只是我自己」的態度提出暫停的要求，暫停時間結束後的談話將會更圓融順利。

不過，要注意的是，在暫停期間還有兩件**絕對不能做的事**。那就是**「喝酒」和「開車」**。

儘管人們經常借助酒精的力量讓自己忘卻不愉快，喝酒這件事還是具有加強負面情緒的傾向。比方說，有些喝醉酒的人會對計程車司機暴力相向，也有人喝了酒之後，在酒席上或回家的電車上做出性騷擾的舉動，引起糾紛。很多時候，這些事都是酒意推波助瀾的結果。

尤其是自知不勝酒力的人，避免在請求暫停的期間內喝酒才是聰明的做法。

此外，或許有些人認爲開車兜風能讓心情平靜下來。然而，即使自認開車出門是爲了轉換心情，在情緒激動、失去冷靜的狀態下，很容易開得比平常更快，或忽略了平常開車時小心注意的細節，甚至有可能闖下人命關天的大禍。

其中尤以開車時容易情緒激動的人，更該避免在請求暫停的期間開車出門。適合在請求暫停期間做的事有散步、喝茶、慢慢泡個澡，或做些簡單的拉筋運動等。

◎請求暫停的技巧也適用於網路上的溝通

在今日這個時代，最需要「請求暫停」技巧的，或許是網路上的交流也說不定。

社群網站如Twitter、Facebook或部落格網站上的交流溝通，因爲彼此都抱著輕鬆的心情，一旦言談中出了差錯，很容易造成無法挽回的後果。換句話說，就是

請求暫停的重點

從感受到怒氣的地方換到另一個地方。

一定要把回來的
時間講清楚。

- 起來走動也能重整心情。
- 爭取平息怒氣所需的時間。

「引起輿論延燒」。

舉例而言，就算在社群網站上發表文章的人自認闡述的是正確的意見，也無法保證所有讀者都會同意他的意見，出現反對意見是理所當然的事。同時，當反對的人寫下反對意見後，又會出現贊同對方的人，於是最初發表文章的人感覺自己受到挑釁，雙方起了爭執，有時爭吵還會陷入白熱化，演變成相互毀謗、中傷的情況。

前面也提過，憤怒情緒時常引起連鎖效應。社群網站這種地方，在多數人不了解對方實際個性的情形下，很容易因為斷章取義而引發輿論延燒。輿論一旦延燒開來就不容易收束了。網路上的交流溝通也是一種容易「情緒感染」的管道，在網路上承受了來自他人的怒氣，連自己都會跟著焦躁憤怒起來，更可能把這份憤怒情緒傳染到另一個人身上。

社群網站如果只是為了開心方便而使用當然沒問題，不過，在察覺可能受到他人憤怒情緒感染時，最好暫時遠離網路。因爲，在網路上感染的憤怒情緒，不光只是在網路上繼續傳染給別人，更可能帶回現實生活中傳染給家人或朋友，對人際關係造成影響。

爲了不把憤怒的情緒傳染給別人，在社群網站上寫好文章後切記不要馬上上傳，最好先反覆閱讀三次左右。此外，受到輿論批評時，若察覺自己快要因憤怒而衝動反駁，請暫時關閉電腦或手機的電源。有時必須做出這樣的判斷才行。

反覆閱讀自己的文章，能讓自己客觀看待文章內容，關閉電源就等於暫時關閉自己的情緒開關，給自己一段冷靜重整的時間。

與其一次又一次在憤怒衝動下做出回應，不如做好一次又一次「請求暫停」的打算。

PART 3

將憤怒轉化為助力

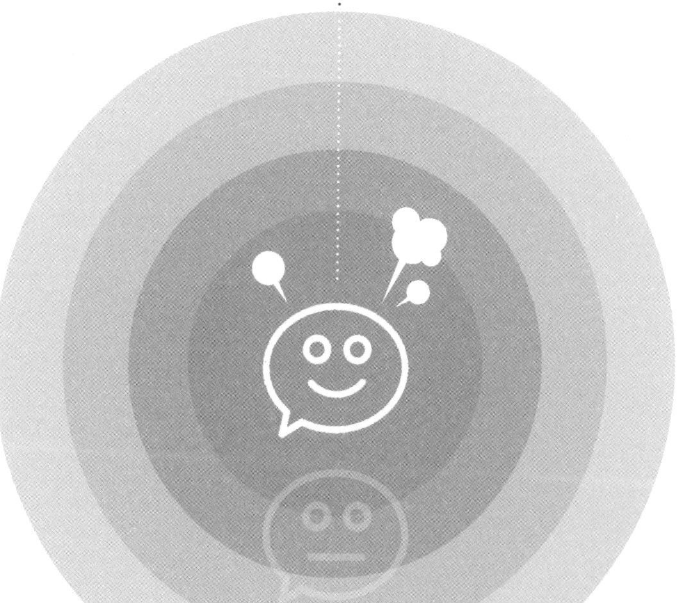

三重圈——「應該」的界線

自己的價值觀和對方的價值觀產生落差時，就會引起憤怒。所謂價值觀，說得白話一點，就是「應該做～」或「應該是～」的想法。

我們每個人都有自己既定的「應該」。

應該遵守約定的時間。

應該尊敬年長者或身分地位高的人。

育兒**應該**是夫妻齊心協力的事。

母親**應該**親手煮飯給孩子吃。

應該排隊。

丈夫幫忙照顧小孩**應該**是理所當然的事。

小孩就**應該**聽父母的話。

下屬主動向上司打招呼**應該**是常識。

諸如此類，各位一定也能從中找到自己贊同或不贊同的項目吧。

此外，「應該」的範圍，從絕對不能妥協的事，到可以說「好吧，算了」的事都有。

問題是，自己認為的「應該」和對方認為的「應該」之間產生落差的時候。

彼此之間的落差愈大，愈容易因而感到憤怒。

那麼，雖然很唐突，以下四個問題，各位會如何回答呢？

①吃荷包蛋時喜歡淋上什麼佐料？
②吃天婦羅時喜歡沾什麼？
③你是一個主管。假設上午九點有個重要會議，你希望下屬多久以前到公司（會議室）？
④你使用社群網站（LINE）傳送訊息，若顯示對方已讀，你希望多久之內收到回應？

在思考以上問題的答案前，我想介紹兩個小故事。

第一個是一九九二年夏季甲子園大賽上發生的事。

當時就讀星陵高中三年級的松井秀喜（前巨人隊球員，曾效力紐約洋基隊），在第二場比賽時，遭對手明德義塾高校的投手連續五次故意保送上壘。對方投手第五次故意保送時，觀眾席上有不少人朝球場丟擲擴音敲擊棒或寶特瓶，相信很多人對這騷動的一幕都還記憶猶新。

引起騷動的原因在於大多數親臨球場觀賽的觀眾，都認爲球員「應該要有高中生的樣子，光明正大地較勁」，即使故意保送並未違反棒球規則，仍然給人「這是壞事」的印象。

過了幾天，某報社針對此事進行問卷調查，結果分成了「批判派」和「擁護派」，兩方分別表達了「畢竟是甲子園的比賽，就該光明正大決勝負」與「只有贏球才有意義，故意保送也是值得驕傲的戰術」兩種意見。

附帶一提，對於遭五次故意保送的事，松井本人表示「我很感謝明德義塾的教練和投手，因爲這樣我才能成爲全國區的球員」。

第二個小故事發生在二〇一四年四月。

埼玉縣一位五十多歲的女教師，爲了參加自己孩子的高中開學典禮，選擇缺席自己擔任班導的縣立高中於同一天舉行的開學典禮。根據相關人士透露，在該校開學典禮上介紹各班導師時，由校長說明了女教師缺席的原因。女教師於事前寫好一篇內容包括「在開學典禮這麼重要的日子，身爲導師的我無法和大家見面，眞的非常抱歉」的文章，並於當天將這篇文章發給班上的學生。

這個問題引發許多媒體的關注與報導，贊成與反對的意見也分成兩派，反對的一方表示「該女教師違反教師職業道德」，贊成的一方則認爲「不，教師也有權利取得工作和生活的平衡」。

網路上也舉行了投票調查，題目是「導師以『參加自己兒子開學典禮』爲由缺席了自校開學典禮，關於這件事您的看法如何？」，有將近三十五萬人參與投票。這裡的意見一樣分成擁護派與批判派，其中百分之四十八的人認爲「不認爲有什麼問題」，另外百分之四十四的人則認爲「這麼做有問題」。

從這兩個例子可以看出，**我們很容易因為「個人強烈的堅持、偏見或既定觀**

念」而對事物做出偏頗的判斷。並且，當事物沒有按照自己「認爲正確」的方式進行時，情感往往就會轉爲憤怒。

從「強烈堅持與偏見」的角度來看這兩件事，關於松井秀喜這件事的二擇一選項就是「高中棒球賽應不應該採用故意保送的戰術」，關於女性教師這件事的二擇一選項則是「應該以自己職場的開學典禮爲優先，還是以自己兒子的開學典禮爲優先」。

爲了不讓上述「強烈堅持與偏見」演變爲憤怒情緒，此時派上用場的思考方式，就是憤怒管理中的第二大支柱**「三重圈」（「應該」的界線）**。

那麼，再讓我們回到開頭的四個問題，你的答案是什麼呢？

①「吃荷包蛋時喜歡淋上什麼佐料」的答案因人而異，有醬油、鹽、胡椒、番茄醬、日式醬汁、美乃滋、什麼都不淋……相信每個人都有自己的答案。

②「吃天婦羅時喜歡沾什麼」也一樣，有天婦羅沾醬、鹽、醬油、醬油搭配蘿蔔泥、什麼都不沾……答案各不相同。

③「參加上午九點的重要會議時，希望下屬多久以前到場」的答案，從三十分鐘甚至一小時前就該到場準備的嚴苛要求，到十五分鐘前、十分鐘前、五分鐘前、甚至是只要趕得上就好，同樣是各種答案都有。說不定還有人會回答，只要主管心情好，就算遲到五分鐘也不算什麼。

從最後一個問題，也就是④「看到已讀後，希望對方多久之內能回覆」的答案中，可以看出每個人的個性。有人回答希望馬上回覆，有人回答十五分鐘內、一小時內、半天內、一天內，甚至有人認為「既然確認已讀了，對方不回也沒關係」。

那麼，**站在憤怒管理的角度，答案又會是什麼呢**？

答案是「以上皆是」。

「以上皆是」的意思是，「至少對當事人而言」以上答案都是正確答案。

爲什麼說「對當事人而言」，這是有原因的。

原因就在於接下來要說明的三重圈（「應該」的界線）。三重圈（「應該」的界線）到底是什麼？一定很多人感到疑惑吧。

正如字面所示，三重圈就像俄羅斯娃娃一樣，以大中小三個圓圈套在一起的狀態呈現，位於核心的第一重圈指的是**「相同的價值觀」**。價值觀相同的人際關係自然不會有爭執，也不會產生煩躁憤怒的情緒。比方說，我和你都喜歡在荷包蛋上淋醬油吃的話，那就什麼問題都沒有了。

再來，最外圍的第三重圈指的是**「相違的價值觀，彼此無法容忍對方」**。這種關係只能說是無藥可救。自己吃荷包蛋時堅持搭配番茄醬，對方則是堅持在荷包蛋上淋日式醬汁的人，此時若擅自在對方荷包蛋上擠番茄醬，引起衝突也是理所當然的事。

相較之下，憤怒管理著眼的不是最外圍也不是核心，而是中間的第二重圈。第二重圈指的是**「價值觀雖然不同，但還在可容忍的範圍內」**。人們並非何時何地都一定會選擇「一樣的價值觀」或「不同的價值觀」。事實上，折衷思考的人反而佔了大多數。

換句話說，就是大多數人都會有「平常總是在荷包蛋上淋醬油，不過今天沾鹽吃吃看也不錯」的想法。

應用這種思考模式，將「價值觀雖然不同，但還在可容忍的範圍內」的圈圈擴大，就能減少不必要的煩躁及憤怒。憤怒管理中「三重圈」（應該的界線）想提倡的就是這個。

比方說，認為「應該要遵守時間」的人，如果每次都直接對稍微遲到的朋友說「你遲到了」，對方恐怕會惱羞成怒，產生「什麼嘛，講得好像我每次都遲到一樣！」的念頭，造成憤怒情緒。

三重圈＝「應該」的界線

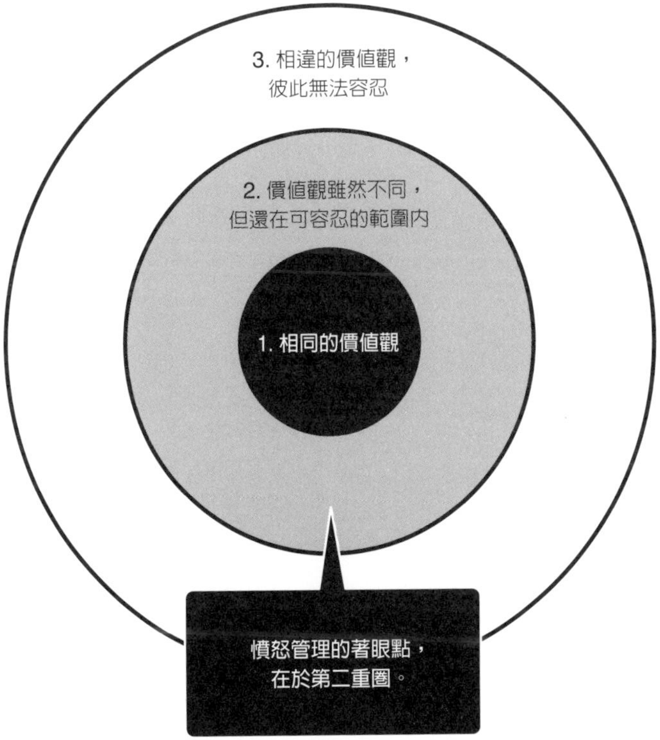
3. 相違的價值觀，
彼此無法容忍
2. 價值觀雖然不同，
但還在可容忍的範圍內
1. 相同的價值觀
憤怒管理的著眼點，
在於第二重圈。

然而，如果能在事前叮嚀對方「約定碰面最好提早五分鐘到喔」，一方面能強調自己和對方時間觀念的不同，也能預防朋友遲到令自己煩躁生氣。

若說撐過六秒爲的是遏止憤怒的衝動，**三重圈（「應該」的界線）或許可說是控制思考的方法**。

接下來要說明的就是如何控制思考的技巧（習慣）。

習慣

6

憤怒紀錄

生氣紀錄

「憤怒」是肉眼看不到的東西，

透過「寫下」使其「看得見」，就會變得比原本容易掌控。

和家人到附近餐廳吃飯，比自己更晚進店的客人點的菜都已經先上桌了，自己和家人點的東西卻一道都還沒上。有的人會爲了這種事生氣，但也有人在排隊時，被晚來的人以「認識前面的人」爲理由插隊也不以爲意。

我們平常如果不刻意釐清自己會對哪些事感到憤怒，想不起生氣原因也是常有的事。

此外，即使面對相同狀況，有人會生氣，有人則不會。同樣的，**自己會對什麼事感到憤怒**，意外的連自己都不是很清楚。

包括憤怒在內，情緒是肉眼看不到的東西。正因爲肉眼看不到，所以很難控制，這就是處理情緒之所以棘手的緣故。所以，下意識的煩躁火大，很容易成爲引發「憤怒連鎖效應」的導火線。

爲了避免陷入這種狀況，釐清「爲什麼自己現在（或剛剛）覺得煩躁火大」，就是平息怒氣的一大重點了。

想控制肉眼看不到的情緒時，**「生氣紀錄」**會是一項很有效的技巧。

這裡的「紀錄」指的是「寫下來」。在憤怒管理中，實際動手寫下來是很重要的訣竅。

動手寫下，等於將自己的思考與情緒**客觀地「具體呈現＝使肉眼看得見」**。「憤怒」原是肉眼看不到的東西，透過「寫下」使其「看得見」，就會變得比原本容易掌控。

舉個例子。日本職業足球聯賽球員中村俊輔，在隸屬橫濱水手少年隊的時代，最初確實是鶴立雞群的存在，然而進步不如預期，正規球員的身分被取代後，沒能繼續往上成爲橫濱水手青年隊的球員。

儘管人生第一次嚐到挫折的滋味，進入桐光學園就讀後，中村俊輔還是再次加入了足球社。此時，老師告訴他「想在比賽中獲勝，就要學會克制激動的情緒」，並且推薦給他一個方法。就是從這時候起，中村開始寫下自己的「足球筆記」。當然，出發點肯定是「不想再回到過去那一天，不想再遭遇一樣的挫折」。

「重點在於能不能把不甘心的心情轉化爲自己成長的跳板。只要做得到，就能領先別人兩三步」。這麼一想，他在筆記裡不只寫下目標、課題和反省點，更徹底地寫下孤獨與不安、堅持的意氣及自信等各種情感，爲了徹底控制自己的情緒而努力。此外，在給自己打分數的時候，他會寫下比實際認爲的分數更低的數字，爲的是不讓自己得意忘形。

結果，寫在筆記裡的目標幾乎都實現了。

中村俊輔的例子雖然不是針對「憤怒」，而是針對「挫折」，不過，用同樣的方式，透過**「具體呈現」**（也就是**「寫成文字」**），可以具體記錄當下自己爲什麼發怒。「有些事寫成文字之後才發現」，只要持續記錄下去，就能察覺自己發怒的傾向與模式。

比方說：

・開車的時候，會對沒有打方向燈就變換車道，強行超車的駕駛人感到火大。
・搭上客滿的電車時，下車的人都還沒全部下完，就迫不及待擠上車的人擦撞自己的肩膀，卻連一句道歉都沒有，爲此怒上心頭。
・喊小孩吃飯，小孩卻只顧打電玩，也不回應一聲，令人忍不住生氣。
・和男友約好見面，卻在約定時間快到時才收到簡訊，內容只有一句「今天工作忙，不能去了」。這樣被放鴿子時總是會吵架。

諸如此類，每個人生氣的點都不一樣。

所以，建議用「生氣紀錄」的技巧，（盡可能）當場寫下**「使自己煩躁的事」**、**「忍不住火大的事」**。

不要只是用頭腦想，還要動手寫下來。

不用當場分析也不用特地回顧，只要憑直覺寫下即可。總而言之，最重要的是用文字「具體呈現」自己的情緒。

爲了提高「持續」的動力，或許可以先準備好一本「憤怒管理用」的筆記本。寫在生氣紀錄裡的內容如下。不過，不必所有項目都寫也沒關係。

①生氣的日期、地點。
②生氣的對象。
③生氣的事由。
④生氣當下想到的事。
⑤生氣當下自己採取的行動。
⑥期待對方做什麼事。
⑦結果。
⑧如果以十分爲滿分，當下的憤怒可以打幾分（習慣七講到「量化技巧」時會再說明）。

首先請持續記錄一星期。

「被家人指責吃飯方式時總是會不爽。」

「被公司同事說自己的文件寫得很潦草時總是會火大。」

「被女朋友罵花錢如流水時，總是怒上心頭。」

就像這樣，一定能從紀錄中看出**「自己的憤怒習性（傾向或模式）」**。這就是這個技巧最重要的地方。

◎憤怒模式

持續記錄下去，將會發現自己的憤怒往往「有模式可循」。

根據憤怒管理第一把交椅安藤俊介的說法，憤怒可以分成以下六種模式。

①「剛正不阿」型：重視正確的事與自己的信念，朝目標衝刺的人。

②「博學多才」型：上進心強，做事審慎徹底的人。

③「威風凜凜」型：對自己有自信，衆人眼中的領導人物，帶領周遭前進的人。
④「外柔內剛」型：外表看似溫和穩重，其實意志堅定，很有原則的人。
⑤「思慮周延」型：喜歡仔細思考，冷靜推動事物進行的人。
⑥「天眞爛漫」型：好奇心旺盛，坦率表達自己想法或主張的人。

換句話說，寫下生氣紀錄的主要目的，是爲了發現「啊，原來我是會爲了這種事生氣的人」，察覺自己的憤怒習性，就能用客觀的眼光審視「自己生氣時的傾向或模式」。

養成寫下生氣紀錄的習慣後，正打算寫下的瞬間，**「咦？我怎麼又用相同的模式生氣了，眞是壞習慣啊！」**像這樣在寫下紀錄之前就先達到反省的效果。到最後，要是能自覺「爲了那種事生氣眞是太愚蠢」，這就是最好的成果。

生氣紀錄最好盡量在憤怒情緒湧現的時候當場寫下來。首先，**「動手寫」這件**

事就能先讓自己趨於冷靜。接著，寫下生氣時的細節，也能幫助自己客觀檢視憤怒的內容。換句話說，透過書寫讓憤怒「具體可見」，變得容易掌控（管理）。

唯有一點，如果正好在工作的話，就無法立刻當場記錄了。這種時候，只能另外找時間寫。但是請避免在睡前做這件事。

爲什麼這麼說呢？正如前面提過，「憤怒」是一種最強烈的情緒，就寢前回想令自己憤怒的事，難保不會影響到睡眠品質。「想到就生氣」造成的睡眠不足，又會使隔天的自己容易被觸怒。

具體寫下憤怒的叫做生氣紀錄，其實其他情緒也可以透過一樣的方式「具體呈現」。自己總爲了什麼開心，對什麼感到壓力，一一記錄下來就能掌握情緒產生的模式和傾向。透過各種對情緒的記錄，一定也能避免職場上或人際關係中不必要的摩擦。

那麼，以下就爲大家介紹幾種具有代表性的情緒紀錄。

◎快樂紀錄（記下開心的事、幸福日記）

持續記錄憤怒，不斷面對自己的怒氣，有些人或許會感到很難受。這時，可以寫下與憤怒相反的情緒，比如感受到高興、開心的情緒時，就運用一樣的技巧，以文字「具體呈現」。

日常生活中不會只有令人生氣的事，也會有許多小小的喜悅和幸福。將這些寫下來，使其「具體可見」。如此一來，每當記下那些小確幸的文字映入眼簾，情緒就會穩定下來，自然產生積極向前的力量。

結果將會發現「哇，沒想到生活中有這麼多開心事」，這才終於注意到自己身旁的小確幸。

舉幾個例子吧。

- 受到上司誇獎。
- 受到下屬幫助。

・妻子說了體貼的話。
・下班回到家時，先生已經煮好飯了。
・收到先生送的禮物。
・受到孩子們尊敬。
・孩子學會走路了。

下次「下班回到家，先生已經煮好飯」時，試著寫下快樂紀錄吧。

①感到快樂的日期、地點：二〇一六年十一月八日，自家。
②對象：先生。
③快樂的事由：回到家時先生已經煮好飯了。
④當下想到的事：丈夫能體諒自己最近這麼忙，覺得很欣慰。
⑤當下自己採取的行動：因爲太開心，忍不住擁抱了他。

⑥期待對方做的事：沒有特別期待。
⑦結果：感謝丈夫的心情更強烈了。
⑧如果以十分爲滿分，當下的快樂可以打幾分：七分。

像這個例子這樣，無論寫下多細微的小事也沒關係。感到高興的事、感到開心的事等等，全部都可以寫進快樂筆記。使用智慧型手機的「記事本」功能也可以，拍照保存起來也可以。請找出自己最不勉強的方法。然後，和憤怒紀錄一樣，試著以十分爲滿分，爲自己的快樂打分數，將快樂的程度「數字化」。

只不過，心情低落的時候，有時連想起快樂的事都覺得難受，這種時候就沒必要勉強自己記錄了。最好什麼都別想，好好休息最重要。

◎成功紀錄（成功經驗筆記、成就筆記）

在精神不穩定的狀態下，光是爲工作上的失誤或人際關係煩惱就會感到一陣焦躁，這種焦躁很容易演變爲憤怒。因此，擔憂的事特別多時，建議不妨積極寫下**「自己成功辦到過的事」**。

這麼做的好處是，無論多麼細微的小事，只要持續寫下順利達成或改善的事，就能帶來自我肯定，成爲自信心。

舉例來說：

- 內向退縮的自己，主動向處不來的上司打了招呼。
- 一直腳踏實地埋頭苦幹的事被看見了。
- 早起，第一個到公司。
- 達成業務目標。
- 成功減肥三公斤。

・每天都幫孩子做便當。
・第一次學會騎腳踏車。
・順利考取執照。
・參加繪畫比賽入圍。
・在運動會中贏得賽跑冠軍。

諸如此類，或許對別人來說只是微不足道的小事，只要寫下對自己來說有意義又積極正面的事，漸漸地，就能以正面思考的方式褒獎自己，給自己打氣。

試著寫下「主動向處不來的上司打了招呼」時的成功紀錄吧。

①成功的日期、地點：二〇一六年十一月十八日，公司。
②對象：處不來的上司。

③事由：內向退縮的自己主動打了招呼。
④當下想到的事：太好了，總是退縮的自己主動打了招呼。
⑤當下自己採取的行動：主動打招呼。
⑥期待對方做什麼：只要對方也向自己打招呼就好了。
⑦結果：意外獲得上司「最近你很努力喔」的稱讚。
⑧如果以十分爲滿分，當下的成功可以打幾分：八分。

一如這個例子，看在別人眼中或許只是微不足道的成功經驗，小事累積多了，也能打造出不容易被挫折打倒的心態。

◎變化紀錄（變化筆記）

「想改掉怕生的毛病」、「想成爲更積極的人」、「希望廚藝更精湛」、「想把房間整理得更乾淨」、「希望能少喝點酒」、「想學會外語」……就像這樣，想像**希望改變的自己**，將變化具體所需的行動寫下來，這就是「變化紀錄」。

寫成文字紀錄下來，除了能使自己的目標更明確，實際上更容易採取行動外，對平常總是嚷著「想改變」、「不改變不行」卻沒有採取實際行動的人來說，也有成爲行動指南的好處。

即使只是小小的變化，也要鉅細靡遺地以文字「具體呈現」，從一點一滴的變化中獲得成就感。成就感會逐漸演變爲自信，開始察覺自身周遭已經有許多事，其實已經漸漸改變了。

至於做法，請先做一個左右對稱的表格，左邊寫下希望實現的變化，右邊寫下實現變化具體所需的行動。

暢銷書《被討厭的勇氣》裡面也曾提到，「當我們打算改變生活型態時，這對我們的勇氣是一大考驗，是要選擇改變，面對不安？還是保持原狀，繼續和不滿糾

藉由「變化紀錄」來改變行動

想實現的變化	具體所需的行動
．減肥三公斤	．控制飲食，每天早上散步
．考取執照	．參加讀書會
．精進網球實力	．加強訓練，研究比賽影片

將細微的變化「具體呈現」出來，
就會發現自身周遭已有許多事改變了。

纏不清？」

永遠不試圖改變，就會永遠不斷產生不滿。只要鼓起一絲勇氣，透過改變就能遏止不安的產生。

在此希望大家注意一點，那就是**不要一開始就定下太大的目標**。達到大目標時成就感雖然也大，無法達成（失敗）時的打擊一樣不小。如果可以的話，一次還是不要跨出太大步，聚沙成塔，讓心慢慢變強大比較好。

◎壓力紀錄（壓力筆記）

壓力有時也是憤怒的來源，將「壓力」寫下來，檢視這份壓力對自己來說「是否重要」，如果重要，就再區分為「自己可以控制的壓力」和「自己無法控制的壓力」。這就是壓力紀錄的寫法。

寫下壓力，透過文字使其「具體呈現」，能幫助我們客觀檢視自己的壓力，好

壓力也有優先順位

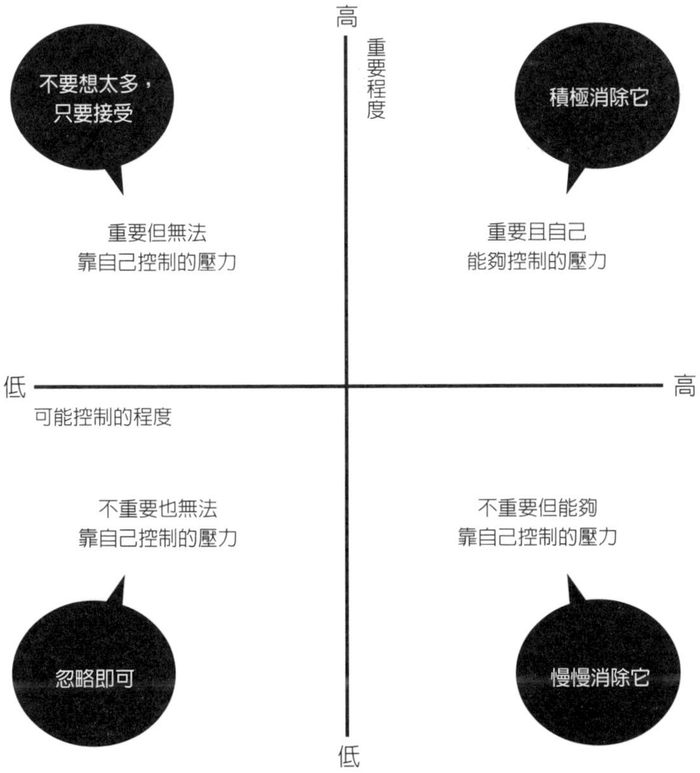
高
重要程度
不要想太多，
只要接受
積極消除它
重要但無法
靠自己控制的壓力
重要且自己
能夠控制的壓力
低
可能控制的程度
高
不重要也無法
靠自己控制的壓力
不重要但能夠
靠自己控制的壓力
忽略即可
慢慢消除它
低

處是找出可能自我掌控的壓力，專注在消除壓力的方法上。

首先請**為目前感受到的壓力排出順位**。

排出優先順位後，一眼就能看出自己現在非消除不可的壓力是什麼，消除「承受壓力的自己」帶給自己的壓力，擺脫「說不出爲何有壓力」的狀態。

壓力的優先順位，可以用以下方式區分思考：

①「重要且自己能夠控制」的壓力，就積極消除它。

②「不重要但自己能夠控制」的壓力，有空的時候慢慢消除它。

③「重要但無法靠自己控制」的壓力。面對這種類型的壓力時不要想太多，做爲事實眞摯地接受。

④「不重要也無法靠自己控制」的壓力，只要忽略就行了。

◎不安紀錄（不安筆記）

有個由哈佛大學心理學教授丹尼．韋格納（Daniel Wegner）主導的著名實驗，叫做**「白熊實驗」（矛盾歷程理論）**。

在這個實驗中，將接受實驗者分爲三組，各自讓他們觀賞記錄白熊一天生活的影片，之後再分別對他們提出三個不同的要求。

那些要求分別是這樣的。

對第一組提出的要求是：思考關於白熊的事。

對第二組提出的要求是：可以思考也可以不要思考關於白熊的事。

對第三組提出的要求是：絕對不可思考關於白熊的事。

接著，隔一段時間後，再試著詢問接受實驗者那段白熊影片的事，結果**將白熊**

影片內容記得最清楚的，是被要求「絕對不可思考關於白熊的事」的最後一組。

爲了確認自己有沒有遵守「不去思考」這件事，反而造成「陷入思考」的矛盾結果，所以這個實驗又稱爲「矛盾歷程理論」。

同樣的，我們**愈想逃離不安或愈想避免不安，往往愈容易滿腦子想著不安的事，結果陷入更嚴重的不安。**

爲了不要陷入不必要的不安，和壓力紀錄一樣，總之先將有可能引發憤怒的「不安」寫下來，檢視那不安「對自己重要與否」，如果重要，就再確認「是否能夠自己控制」。

按照寫其他紀錄的要領寫下不安紀錄，客觀檢視自己的不安，將注意力集中在靠自己的力量控制不安並加以消除的方法。

做法和壓力紀錄一樣，先將感受到的不安排出優先順位。這麼一來，一眼就能看出對自己而言，現在非消除不可的不安是什麼。消除「陷入不安的自己」給自己帶來的不安，擺脫「說不出爲何不安」的狀態。

①「重要且自己能夠控制」的不安，就積極消除它。
②「不重要但自己能夠控制」的不安，有空的時候慢慢消除它。
③「重要但無法靠自己控制」的不安。面對這種類型的不安時不要想太多，做爲事實眞摯地接受。
④「不重要也無法靠自己控制」的不安，只要放著不管就行了。

不妨用這種思考方式來面對你的不安。

◎「應該」紀錄（「應該」筆記）

在此唐突地請大家從以下事項中勾選自己同意的項目。

・社會人士應該注重服裝儀容。
・小孩晚上九點應該就寢。
・下屬應該比上司晚下班。
・早餐應該全家人一起吃。
・打到公司來的電話，應該在鈴響三聲內接起來。
・已讀不回是不應該的事。
・撞到人就應該道歉。
・週末就應該夫妻共度。
・每天都應該洗衣服。
・女人就該生小孩。
・吃飯的時候應該關閉電視。
・工作應該重視效率。
・男人年收入應該要有○○○萬日圓才能結婚。

你也贊同的「應該」有幾項呢？

你認為的「應該」就是你自己的價值觀。當別人認爲的「應該」和你認爲的「應該」相反，你們之間就會形成對立。

這時，把自己經常認爲的「應該怎麼樣」寫下來，站在客觀角度檢視自己**「無法讓步的價值觀」**是什麼，掌握引發自己怒氣的是何種狀況，這就是「應該紀錄」。

這份紀錄可以透過文字，把自己認爲的「應該～」或「非～不可」的內容具體呈現出來。藉此重新思考，進而發現自己所謂「無法讓步的價值觀」，說不定**只是自以為是的偽善，只不過是「自己的規範」罷了**。

如果可以的話，也請家人和身邊的人寫下「應該紀錄」，這麼一來就有機會得知「別人無法讓步的價值觀」是什麼，掌握彼此之間價值觀的落差，在思考今後改

用「應該紀錄」審視自己的價值觀

- ☐ 社會人士應該注重服裝儀容。
- ☐ 小孩晚上九點應該就寢。
- ☐ 下屬應該比上司晚下班。
- ☐ 早餐應該全家人一起吃。
- ☐ 打到公司來的電話，應該在鈴響三聲內接起來。
- ☐ 已讀不回是不應該的事。
- ☐ 撞到人就應該道歉。
- ☐ 週末就應該夫妻共度。
- ☐ 每天都應該洗衣服。
- ☐ 女人就應該生小孩。
- ☐ 吃飯的時候應該關閉電視。
- ☐ 工作應該重視效率。
- ☐ 男人年收入應該要有〇〇〇萬日圓才能結婚。

檢視自認無法退讓的價值觀是否不過是「自己的規範」。

善對策時必然會有幫助。

做法是不問公私，像前面舉的例子一樣，隨機寫出五十個自己認爲的「應該」。和生氣紀錄比較起來，這時寫下的內容或許可加入比較深刻的內省。

◎三段式技巧（三階段法）

憤怒管理中有一個以美國臨床心理學家艾爾博特・埃利斯（Albert Ellis）提倡的ABC理論爲基礎的**「三段式技巧」**。

ABC理論是指當事件發生時（Activating Experience），當下想到或思考的事（Belief）會對結果（Consequence）造成很大的影響。

憤怒管理特別注意出現在第二階段的「Belief」。Belief多半翻譯爲信念或既定觀念。如何接受一件已發生的事，關乎每個人的信念和既定觀念，所以我認爲也可以說Belief是每個人的「價值觀」。

前面提到的「應該」也是價值觀，不過Belief又稱爲core belief（核心信念），也可以說是一本**「收錄了自己思考方式的字典」**。

「三段式技巧」是寫下自認無法退讓的價值觀，站在第三者的客觀立場，檢視引起自己憤怒的原因＝無法退讓的價值觀是否有所「扭曲」，如果有，就透過矯正（重寫）來察覺自己心胸狹隘的程度。

判斷是否「扭曲」時的基準不是「正不正確」、「有沒有錯」，而是看那個價值觀**「是否符合現實」**。

核心信念的「扭曲」分爲以下六種。

①信念混亂型……把「權利」、「需求」和「義務」混在一起思考。

②自己說了算型……像是認爲「自己的常識就是世間一般常識」，以爲自己的想法是可以套用在所有人身上的規則。

③Yes we can（想做就做得到）型……認為「只要語氣強硬一點，總有辦法說服」、「朝對方施加一點壓力，對方就會改變想法」。

④正義的一方型……明明沒有這種權利，卻想「制裁別人」。

⑤擲硬幣型（二元論）……不管什麼事都粗糙地分成正反兩種。

⑥悲劇主角型……用過度誇張的表現強化自己的情緒。

三段式技巧的做法，就是將引起憤怒的事件分成三個階段，在第三階段把「無法退讓的價值觀」改寫掉。

舉例來說，

①看到下屬穿顏色誇張的西裝就火大（**憤怒的事實**）。

↓

②公司職員穿著打扮應該力求低調（**原本自己無法退讓的價值觀**）。

↓

③本公司並未硬性規定上班的穿著，所以也無可奈何**（改寫原本無法退讓的價值觀）**。

把這三階段格式化，就會成爲下一頁的圖表。

①**最初想到的事**

發生事件後，自己感到煩躁憤怒時，請先寫下當下直率的情緒。

重點在於誠實寫下內心的想法，不要只想寫得漂亮好看。

②**核心信念（做為自己認知基準的思考或價值觀）**

接著，將引起煩躁憤怒情緒的原因＝核心信念寫下來。

從①的「最初想到的事」導出自己的核心信念後，請思考這個信念是否正確。

用「三段式技巧」分析價值觀的扭曲

1 **最初想到的事**

西裝顏色太誇張了。

2 **扭曲的核心信念**

公司職員穿著打扮應該力求低調。

3 **重整（改寫）**

公司並未硬性規定服儀，
不能挑剔別人西裝的顏色。

③重整（改寫）

思考如何改寫自己的核心信念，才能成為對自己而言、對對方而言，以及對周遭的人而言都快樂的事。

在最後一個階段，請思考並寫下這個。

所謂核心信念，就是自己內心的價值觀＝「應該」論。

比方說：

．要做就要做到最好，否則沒有意義。淪為第三就毫無價值了。

．我這麼為你著想，你一定接收得到我的心意。

．被擊倒了，就要加倍奉還。

．不是贏就是輸。

．這件事一旦失敗，就沒希望了。

諸如以上說法，都是些**不符合邏輯或缺乏彈性的思考，屬於不會帶來好結果的**

扭曲價值觀。

舉例來說，以搭計程車時發生的事爲例，試著想想怎麼使用三段式技巧吧。

①寫下發生煩躁憤怒的事時，當下自己的情緒

明明已經說了要去哪裡，司機默不吭聲就發動，結果還走錯路，此時眞的很火大。

②扭曲的核心信念

計程車是服務業，既然是服務業，客人說了什麼就應該出聲回應。另外，將客人送到客人指定的地點是計程車司機的使命，達成使命才能收錢。要是不知道路，就應該要老實問清楚。

③該如何重整才好

或許這位司機從事這行還不久，無法那麼從容應對。

因爲我要去的是他不熟悉的地方，可能滿腦子都在想該怎麼走，所以才會忘記回應。看到司機好像快開錯路時，我自己也應該先提醒對方。

這麼一來，煩躁憤怒的情緒就不會直接衝著司機發散，或許能事先預防不必要的爭執。

隨著憤怒的情緒起舞，凡事硬要分個是非黑白時，思考就容易出現扭曲。當自己因爲憤怒衝動而犯錯後，不妨運用「三段式技巧」確認自己的核心信念是否已經扭曲。

不過，三段式技巧也和其他記錄技巧一樣，很難即時收到成效，必須持續累積才會看到效果。

專欄

形容憤怒的詞彙

形容憤怒的詞彙若少，就無法準確傳達自己的煩躁或憤怒情緒。一旦無法用言語詞彙表達自己的憤怒，對方也只好用態度來判斷，這麼一來，自己的想法和心情就很難順利傳達給對方。

此外，如果形容憤怒的詞彙不夠多，表現出來的就只有「生氣」和「沒生氣」的差異，結果容易造成自己超乎必要地憤怒。

憤怒這種情緒範圍很廣，只要增加自己形容憤怒的詞彙，就能從客觀的角度檢視自己現在的憤怒程度，也更能理解自己現在身處的狀況，控制起情緒就會更順利了。

請參考下面列舉的詞彙，盡可能增加自己形容憤怒的詞彙，精密掌握自己的情緒。

表示憤怒的詞彙

激怒、憤怒、激昂、情緒激動、心生不悅、內心火大、怒氣、憤慨、忿懣、心生怨念、反感、痛恨、引起公憤、義憤填膺、鬱悶氣結、怨懟、怨恨、嗔怒、悲憤……等。

表示憤怒的言行態度

賭氣、氣鼓鼓、生悶氣、鬧脾氣、鬧彆扭、氣得呲牙咧嘴、慍怒、表現得不開心、怒氣衝天、心情不愉快、反駁、產生不信任、臉色大變、聲音尖銳、恨得牙癢癢、氣得像是看到眼中釘、怒上心頭、被踩到地雷、煩躁不安、覺得可恨、煩悶焦慮、心情鬱悶、氣得說不出話、看什麼都不順眼、心情不爽、理智斷線、滿腔怒火、忿忿不平、氣得面紅耳赤、臉色不對、發洩怒氣、慷慨激昂、勃然大怒、怒髮衝冠、氣急敗壞、氣得非指摘不可、氣得吹鬍子瞪眼睛、怒火中燒、受到觸怒而無法控制、氣得跺腳、氣得咬牙切齒、氣得無法忍受、氣得破口大罵、口出惡言、氣得不停抱怨、怒吼、大呼小叫、怒目相視、氣得發抖、氣得頭頂冒煙、氣得冒青筋、怒氣沖沖、暴跳如雷、氣憤難消、勃然變色、氣得想殺人、壓抑不住怒氣、大發雷霆、激動暴怒、氣得當場離席、氣得漲紅了臉、忍不住大聲怒吼、咬牙切齒、說話聲音難掩怒意、大聲宣洩憤怒、把氣出在別人身上、氣得血管爆裂、怒氣爆發、氣得發狂、怒火熊熊燃燒、氣得像個惡鬼、怒氣像一團火球、氣得失去理智、氣得克制不住自己、氣得全身顫抖……等。

習慣

7

量化技巧

度量憤怒

憤怒是一種範圍很大的情緒，配合憤怒強度的等級掌控，
就有可能站在客觀的立場檢視自己的憤怒。

憤怒不像「重量」或「長度」一樣，有測量尺寸的「單位」或「度量衡」，所以很難察覺自己怒氣的程度有多少。

因此，只要想辦法**「將憤怒狀態數字化」**，就能像判斷天氣時說「今天有二十五度，不用穿外套也沒關係」一樣，區分自己的怒氣「等級」（階段），配合不同等級思考不同應對方式。這就是**「量化技巧」**。

度量出自己的憤怒尺度，區分等級，能幫助我們更容易控制怒氣。換句話說，只要理解憤怒是一種範圍很大的情緒，配合憤怒強度的等級掌控，就有可能站在客觀的立場檢視自己的憤怒。

假設以十分爲滿分，內心風平浪靜的狀態爲零分，人生最大等級，無法掌控的怒氣爲十分，按照這個標準，在每次生氣時爲自己的怒氣打分數。打分數時只要「大概三分左右吧」，像這樣用自己的標準主觀決定即可。只是，如果有某種程度的標準可循，事後將更容易客觀回顧，所以，或許可以事前決定好每個等級的狀態，做為打分數時的依據。漸漸習慣之後，自己心中就會建立起一套憤怒程度的標準了。

這時，請參考前面的「憤怒詞彙」。形容憤怒的詞彙愈豐富，一定愈能排出自己心目中的憤怒等級。

那麼，在此舉一個將怒氣等級數字化的例子吧。

一分「喂喂，怎麼搞的！」（內心有點不爽，覺得有點不高興）
二分「哪有這種事！」（稍微激動，漲紅了臉）
三分「煩躁焦慮。」（感覺不悅，手指不斷下意識敲打桌面）
四分「什麼東西？」（眉毛挑高）
五分「令人火大。」（憤慨激昂，止不住內心的火氣）
六分「這傢伙搞什麼？」（呼吸大聲且急促）

七分「夠了，開什麼玩笑！」（咬牙切齒）
八分「喂！」（忍不住大聲怒吼）
九分「這個混帳！」（握緊拳頭，差點要上前揍人了）
十分「人生最高等級的憤怒。」（無法自我控制）

◎配合憤怒的分數決定對策

掌握到打分數的標準後，接著就能開始思考對策。

比方說，

「如果是一到三分等級的怒氣，可以用『倒數數字』或『呼吸放鬆』的方法化解。」

「超過五分的怒氣，就用『請求暫停』的技巧讓自己冷靜下來。」

像這樣，自己決定好不同等級怒氣的對策，就能更容易養成習慣，憤怒程度也會變得超乎想像的小。

過去曾發生從電車月台上將人推落的事件，據說衝突的起因只不過是「肩膀擦撞時被對方指責了」。面對這麼微不足道的小事，卻用無法自我控制的「十分」怒氣去應對，不但周圍的人無法承受，生氣的人自己也很可能失去寶貴的東西。

假設一轉頭就能忘記的怒氣是「一分」，此時最好適度選擇「倒數數字」、「呼吸放鬆」、「停止思考」等技巧，將「內心的杯子」囤積的水放掉才是上策。

此外，用這個量化技巧配合生氣紀錄一起進行，將會發揮更大的效果。

在生氣紀錄的「生氣的日期、地點」、「生氣的對象」、「生氣的事由」、「生氣當下想到的事」、「當時自己採取的行動」、「期待對方做什麼」等項目後面，再加上一條「如果以十分為滿分，當下的憤怒可以打幾分」。

像這樣，將原本肉眼看不見的憤怒用具體的數字呈現，使其「可用肉眼確

運用量化技巧設定憤怒數值

一分	內心有點不爽，覺得有點不高興。	倒數數字
二分	稍微激動，漲紅了臉。	呼吸放鬆
三分	感覺不悅，手指不斷下意識敲打桌面。	停止思考
四分	眉毛挑高。	
五分	憤慨激昂，止不住內心的火氣。	請求暫停
六分	呼吸大聲且急促。	
七分	咬牙切齒。	
八分	忍不住大聲怒吼。	
九分	握緊拳頭，差點要上前揍人了。	
十分	無法自我控制。	

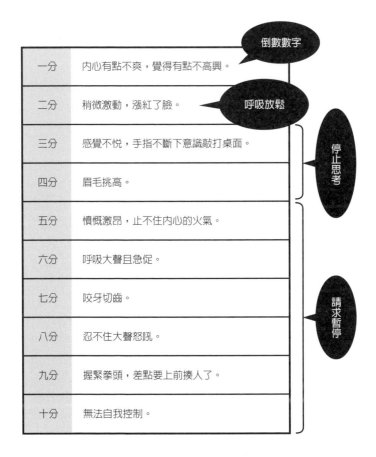

認」，就能一目了然地看出自己的憤怒程度，也看得出即使遇到同樣的事，受到身體狀況或其他條件影響時，生氣的程度會有多少改變。

只要能掌握自己遇到何種狀況或事態時會生氣到什麼程度，就能事先做好心理準備，遇到生氣的事時，提醒自己「這種時候的怒氣往往有加重傾向，要多加注意」。這麼一來，即可成功控制憤怒，避免無謂的爭執和糾紛。

習慣
8

打破模式

破壞固有模式

對不會改變的事生氣，除了浪費時間之外什麼也不是。
稍微破壞既定模式，
在遇到與平常不同模式的事情發生時，就不容易感到壓力。

上班族每天早上起床到走出家門這段時間，大概每天反覆做著一樣的行爲吧。比方說，早上起來先上廁所，邊喝咖啡邊看早報，吃完早餐後刷牙、洗臉，換好衣服準備出門上班……就像這樣，每個人都有一套自己的模式（流程）。

這也稱作**「例行公事」**。在世界盃橄欖球賽中大顯身手的五郎丸，比賽時一定會做出的某個特定動作，增加了「例行公事」這個詞彙的知名度。美國職棒大聯盟的鈴木一朗和日本足球代表隊的本田圭佑，都有他們自己在比賽時必定採取的「例行公事」行動。

例行公事如果能爲生活或工作帶來正面效應自然最好，怕的是流於一成不變，換句話說就是照本宣科，除了「持續」之外沒有任何意義可言。

舉個例子，在日常生活中，「每天早上都要喝的咖啡沒了」、「沒搭上平日搭的那班電車」、「每天早上買的麵包賣光了」、「平常車流量不多的道路今天卻塞車了」等等小事，都會成爲煩躁氣憤的原因。

在進入新環境或面臨未知變化時，人類往往難以承受，表現得很脆弱。只要一點小事造成平日習慣的模式出現改變，就會感到強烈不安與壓力。嚴重的時候，甚至會影響到身體狀況。然而，對這些自己無法改變的事實煩躁生氣，狀況也不會就此改善。

對不會改變的事生氣，除了浪費時間之外什麼也不是。

運用習慣六的「生氣紀錄」寫下自己的憤怒後，漸漸就會發現自己對什麼事容易生氣，什麼時候經常感到煩躁氣憤，像這樣察覺自己的「憤怒模式」。

主動打破這些形成模式的行動與情緒，就能**斬斷深陷其中的惡性循環**。

這就是**「打破模式」（破壞固有模式）**。

打破模式的技巧**能強化自己在面對任何不易改變的意外事態時，加以應付的能力**。

有效的「打破模式」訓練，能讓我們即使遇到意外事態，也不會陷入自己的憤怒模式，更不用消耗無謂的能量，心平氣和地度過意外發生時的場面。只要不斷累積這個訓練，就能養成彈性與洞察力，使自己不再陷入「模式化」的惡性循環。

做法很簡單。重點是，在平常的生活中，**「Do One Thing Different.」（做一件和平常不一樣的事。）**

比方說，像是下面這些事：

・平常早上都喝咖啡，試著改喝新鮮果汁。
・換用平常沒用過的牙膏品牌。
・試著走和平常不一樣的路去車站。
・從和平常不一樣的閘口出車站。
・積極向平常處不來的人主動打招呼。
・試著一天不要用LINE。

實際這麼做了之後，確認當下自己心情的變化和周遭的反應。

「打破模式」將使人不容易感受壓力

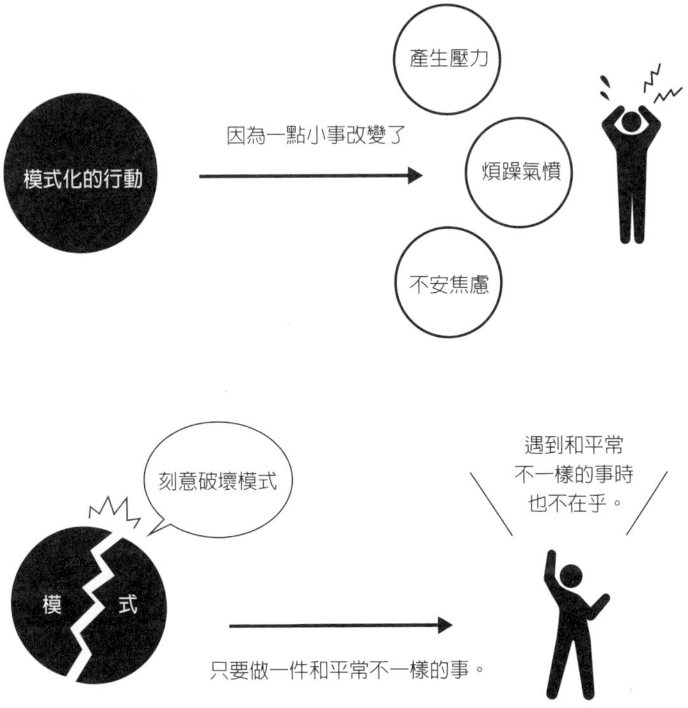

Do One Thing Different.

打破模式時，覺得心情好還是不好？發生了好事還是沒有發生？重點是要像這樣確認自己心情是否起了變化。

如果什麼都不做，心情是不會產生任何變化的。與周遭的人之間的相處狀況也不會有任何改變。所以，請不顧一切試著破壞既有模式吧。

稍微改變自己已經形成固定模式的行爲，就能成爲改變自我意識的開端。即使行動沒有改變，光是大腦想著「做點和平常不一樣的事吧」，就已具有客觀檢視平時慣性行爲的效果。

只要稍微破壞既定的模式，在遇到與平常不同模式的事情發生時，就不容易感到壓力。

就這層意義來說，打破模式也可說是打造強大抗壓性的「體質改善策略」，換句話說，即是培養一顆「不容易發怒的心」。

打破模式的技巧不只可以用在自己身上，也能用在別人身上。

小孩放學回家後就把書包丟在一旁，也不寫功課，只顧著打電動。你忍不住生氣大罵「要我說幾次！快點把功課寫完，準備明天上學要帶的東西！」

因爲這已經是每天上演的戲碼，孩子也聽膩了，用半失控的態度頂嘴：「好啦好啦，我寫就是了！」這樣只會加重你的怒氣……

這時使用「打破模式」的技巧，試著做出與平常不一樣的應對吧。

比方說，如果小孩平常都在自己房間寫功課，這時就要他改在你看得到的客廳寫。小孩開始打電動前，先找時間和他一起吃點零食，順便詢問學校的狀況，裝作若無其事的樣子引導他開始寫功課。這也是一個方法。

這麼一來，小孩也無法發火，只好乖乖先把功課寫完，之後就算他再去做自己喜歡的事（像是打電動），你也不會那麼生氣了。

◎模式化和「討吉利」的不同

不過，必須注意的是，包括棒球選手在內，許多運動員習慣用來「討吉利」的例行公事，和模式化是不一樣的兩件事。

舉例來說，職棒球評野村克也在擔任教練的時代，只要球隊持續贏球就不把內褲換掉。如果三連勝就連穿三天，四連勝就連續四天穿同一件內褲。直到輸球才換掉內褲，這就是他用來去除晦氣，「討吉利」的例行公事。不只如此，還堅持只穿象徵勝利的「紅內褲」。

此外，曾是職業棒球選手，也曾活躍於美國大聯盟球場的佐佐木主浩，從小就堅持越過球場邊界線時，一定用右腳跨過。效力橫濱大洋鯨（後陸續更名爲海灣星、DeNA海灣之星）球隊時代，從家中前往橫濱球場時若走高速公路，而當天救援成功的話，隔天無論路況多擁擠還是會走高速公路，且一定從同一個收費站經過。

除此之外，二月二十二日生的佐佐木特別堅持「二」這個數字。像是背號二十二等等，一切與數字有關的選擇都偏好「二」。甚至連自主練習的時間都是早上兩點開始。

再舉一個運動員的例子，曾公開表示每天都會吃完咖哩才上場比賽的鈴木一朗，雖然曾經改掉當初爲了「討吉利」而吃咖哩的習慣，然而，不管效力哪個球隊，他在長椅上坐的位子及放手套與球棒的位置從沒改變過。

松井秀喜「討吉利」的例行公事則是在棒球員視爲「新年」的開幕日當天，固定吃紅豆飯和鯛魚，這是效力巨人隊時的做法。到美國打大聯盟之後，因爲美國買不到鯛魚，就用泰國料理取代（鯛魚和泰國在日文裡的發音相同）。其中尤以效力奧克蘭運動家隊時，甚至考慮到球隊代表色而只吃綠咖哩。

說到用食物討吉利，還得提一提過去曾是巨人隊王牌的江川卓。在開幕戰時，他一定會吃虎屋羊羹（象徵阪神隊）、名古屋外郎糕（象徵中日隊）、廣島特產炸牡蠣（象徵廣島隊）、鯨魚肉（象徵大洋隊）、喝養樂多（象徵養樂多隊）等，將象徵對手隊伍的食物吃光後，再正式投入新一季的賽事。

像這樣有「討吉利」習慣的不只運動員，其實很多人也在不知不覺中養成這個習慣，站在憤怒管理的立場，對這類例行公事抱持的是正面看法。

模式化指的是**對不必堅持的事太過堅持，結果造成情緒煩躁焦慮**。一再反覆而使事物進展順利的「討吉利」，和模式化可說是正好相反的行為。

最好盡可能打破引發負面情緒的模式，重新賦予正面意義。「打破模式」的技巧也將強化我們遇到意外事件時的應對能力。

◎「打破模式」的實踐

打破已成模式的行動，比方說可以是像下面這樣的事。

假設你每天早上都在麵包店買同一款喜歡的麵包當早餐。可是，有天那款麵包正好賣光了。

「怎麼會這樣啦！那是我最愛吃的麵包啊！一天沒吃到那種麵包我就渾身不對勁！」

這股怒氣對你而言，肯定是不必要的怒氣吧。

這時，請試著使用打破模式的技巧。

實際的做法是，去拿旁邊另一款麵包。

說不定這從來沒拿起來吃過的麵包意外好吃，你又多了一款喜歡的麵包可選擇了。

不要用自己的行爲束縛自己，嘗試每天早上吃不同種類的麵包，或是固定星期幾拿哪一種麵包等等，打破模式的做法有很多。

再舉一個例子，假設你每天早上開車上班。

走在每天必經的路上，忽然出現一個「施工中，請繞道」的牌子。

「喂，這樣我上班會來不及啊！」看到牌子的瞬間，你大概會忍不住發怒吧。尤其是上班快要遲到時更是生氣。

這種時候正該運用打破模式技巧，繞道而行。

每天必經的道路雖然閉著眼睛也會走，開起來比較輕鬆，事實上說不定繞道能節省更多時間。再說，開上和平常不一樣的道路，就能看到平常看不到的景色，沿途可能會有什麼新發現。

若隔天同一條路仍在施工的可能性高，不妨試著改搭電車上班。如此一來，彷彿爲一成不變的心情注入了新鮮感，說不定還能就此提高工作時的幹勁。

到了公司之後，上司每天早上都會用挖苦的語氣挑剔你昨天在會議上的發言、說話方式、問話方式，以及業績等工作表現。

「每天講，講不膩嗎？我都快煩死了。那種事不用你講我也知道。」你在心裡這麼嘀咕，心情愈來愈煩躁氣憤。

若想減輕這種煩躁感，「打破模式」也是很有效的技巧。

實際上該怎麼做呢？只要做一件平常不會做的事，說句**「謝謝你」**就可以了。

就算上司用挖苦的語氣挑剔，還是要回答「謝謝您總是給我忠告！」等感謝之詞。

把感謝之詞說出口，或許上司就不會再挑剔個沒完了。

他可能會想「這樣啊，我的忠告你都有聽進去啊」，下次說不定就不會再講得那麼難聽了。畢竟，沒有人聽到「謝謝你」還會不高興的。

PART 4

成為善用憤怒的人

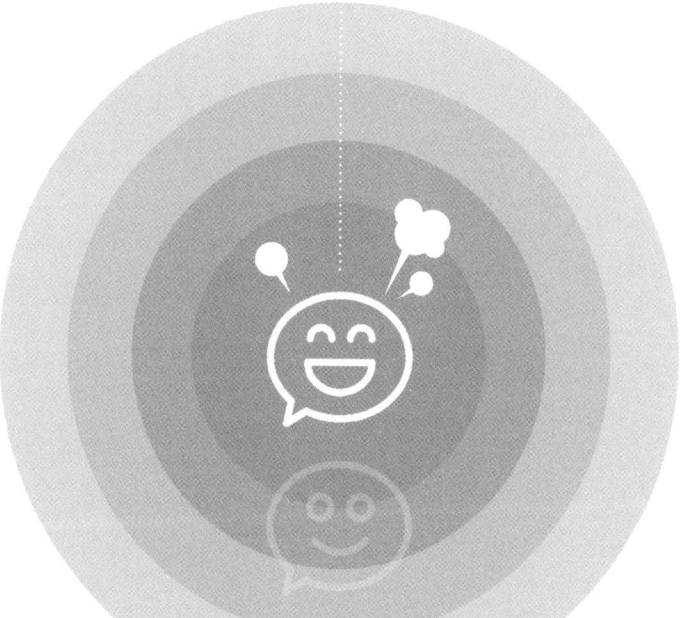

習慣

9

聚焦於解決問題的方法

重視解決

重視解決，就是盡可能將注意力聚焦在眼前的事物，
避免無謂怒氣。

在習慣八「打破模式」的章節裡也提過，世上存在著自己能控制的事和自己無法控制的事。把時間花在自己無法控制的事上，或為了這類事情緒用事，根本一點好處也沒有。與其那麼做，不如把注意力集中在自己能控制的事情上，還比較能消除煩躁焦慮的情緒，增加順利解決問題的機會。

這裡再次舉松井秀喜的例子說明吧。

松井秀喜就讀星稜高中時以第一指名進入巨人隊，當時的教練長嶋茂雄這麼對他說：

「聽好了，松井，每天都有你的球迷到東京巨蛋球場來為你加油。但是，有些球迷一輩子只能來這麼一次，為了這些球迷，你每天都得上場打球才行。」

從那天起，對松井而言，最重要的事既不是打擊率也不是打點，更不是全壘打，而是「每天上場比賽」。換句話說，就是連續出賽。

以自由球員身分進入洋基隊時，也把這份堅持告訴了當時的喬·托瑞教練，取得教練理解後，來到大聯盟打球的松井得以繼續維持連續出賽。

然而，二〇〇六年五月十一日對紅襪隊的比賽（在洋基體育場舉行）上，一局時爲了接一個飛得不夠遠的左外野高飛球，飛身撲接的松井手套纏住草皮，導致左手骨折。爲了治療傷勢被取消上場資格，使得他必須中斷從巨人時代的一九九三年八月二十二日起，在日美兩地連續出賽的紀錄，紀錄只停留在一千七百六十八場（日本一千兩百五十場，美國五百一十八場）。

他受傷的那一瞬間，坐在球場記者席的我不由得大喊「這下糟了！」

松井意外受傷兩天後，我正好有機會和他獨處，就這麼對他說：

「你爲什麼要衝過去接那顆球？要是不勉強飛撲就不會造成骨折了，連續出賽的紀錄也不至於中斷。」

對此，松井是這麼回答我的：

「瀨戶口先生，不要這麼說，**我現在腦中只有一個想法，那就是把傷勢儘快治療好，早日重回球場。**」

在憤怒管理中，比什麼都重要的是**將眼前的事態區分為「自己能控制的事（物）」與「自己無法控制的事（物）」**。

正因松井秀喜深知受傷是無論怎麼回顧也無法改變的事實，所以，與其一直回想自己已無法控制的事實而煩躁氣憤，不如把心情集中在「自己能控制的事」上，儘快把傷治好重回球場。

這就是**「聚焦於解決問題的方法」（重視解決）**。

世上大部分的事都能分成「自己能控制的事（物）」和「自己無法控制的事（物）」。其中最無法靠自己控制的，莫過於「過去與未來」。除非有時光機，否則誰也無法前往過去或未來的某段時空，控制當下發生的事。

換句話說，**令人後悔的過去及令人忐忑不安的未來**，是我們無論如何也無法控制的事。既然如此，對過去後悔或對未來不安的行爲，就某種意義來說，或許只是浪費時間。

那麼，我們能控制的是什麼呢？相較過去與未來，我們能掌控的只有「現在」。只要專注於眼前的事，全力以赴，認眞拚命面對眼前的問題，就有可能控制現在。

該追究的不是「爲什麼要衝過去接那顆球（過去）」，而是「把傷勢儘快治療好，早日重回球場（現在）」——這兩種想法大不相同。

重視解決，就是盡可能將注意力聚焦在眼前的事物，用百分之百的力量完成眼前的使命。

如今已是日本網球代表選手的錦織圭，過去也曾有過痛苦的回憶。

二〇一一年，在瑞士巴塞爾舉行的大會決賽上，錦織圭被向來崇拜的羅傑·費德勒徹底擊敗了。學過憤怒管理的教練張德培如此分析錦織輸球的原因：

「對費德勒那場比賽，錦織犯了一個大錯。那就是準決賽後得知自己能與費德勒在決賽中對戰而興奮過頭。在球場之外的地方對其他選手付出敬意是一件好事，即使如此，絕不能在對戰前就心滿意足。一上了球場，就必須將對手視爲『阻礙自己贏球的存在』，必須堅定『我才是冠軍得主，你不是』及『過去的成績和這場比賽毫不相關！』的信念。無論對手是誰，應該想的只有自己的勝利。」

張德培想表達的，其實正是「因爲過去已無法改變，就不要再執著於過去（費德勒過去的戰績）了，比起執著過去，更重要的是將注意力集中在現在，努力尋求最佳結果（錦織自己也是打進決賽的人，要對自己有信心）」。毫無疑問的，這正是「重視解決」的手法。

一般人的日常生活中，也有許多無法靠自己控制的事（物）。比方說，「大自然」（天氣）就是其中之一。

下雨一定會淋濕，颱風來了就只能靜待離開。但是，人類是自私的動物，重要活動遇雨中止時，就會氣著說「下什麼雨啊！」既然生氣火大的對象是自己無法控制的事，何不把注意力集中在自己能掌控的事物，準備雨天備案豈不是更好。

還有，很多人都會說「我對你這麼好，你爲什麼不能對我好一點」、「我明明這麼愛你，爲什麼你不愛我？」就算沒說出口，也很容易產生這種想法。然而，「人心」是最無法控制的東西，這種偏執的想法一旦過了頭，就會演變成「跟蹤狂」等犯罪行爲。

高速公路「塞車」當然也是自己無法控制的事。遇到返鄉車潮，塞車路段長達三十公里時，難免會想抱怨「最前面的車到底在幹嘛」，但這對改變事實毫無幫助。

拜行車導航之賜，現在某種程度已可事前預測塞車狀況，規劃提早出門，或是相反地錯開尖峰時段晚點出門，又或者可以選擇改走不同的路。以「重視解決」的方式思考，一定會發現還有很多方法可行。相較之下，明知會塞車還讓自己陷入車陣，萬一煩躁氣憤之餘釀成車禍可就得不償失了。既然如此，還是準備其他解決方法，避免無謂怒氣才是上策。

Panasonic（松下電器）創辦人松下幸之助先生曾有一次下船走在堤防上時，突然被一名壯漢撞得掉下海中。上岸後，當時在他身旁的祕書生氣地說：「社長，您沒事吧，我去罵那個人兩句！」松下卻阻止了他。

「笨蛋！事到如今去罵對方兩句，難道我就不會掉下去了嗎？如果罵人就能改變落海的事實，你想去罵幾句都行。可是，過去的事不會改變，現在再去罵人也改變不了我落海的事實。我們還是趕路吧。」

說完，還穿著濕淋淋的西裝，松下幸之助先生就這樣快步向前走了。

對無法改變的事實發脾氣也於事無補，只是浪費時間與精力，倒不如老實接受事實，盡可能把注意力集中在「現在」自己能做的事。這個小故事說明了松下先生也是一位「重視解決」的成功人士。

為什麼會發生這種問題？

你在面對問題時，下面這兩者之中，比較常思考的是什麼呢？

該如何解決這個問題？

這兩者看似相像，其實是完全相反的兩種思考。

問「爲什麼？」時，多半思考的是發生問題的原因。相反地，問「怎麼做？」時，比起發生問題的原因，更聚焦在解決問題的方法。

前者以思考過去發生的事爲中心，後者思考的則是接下來怎麼做。換句話說，就是「重視問題」和「重視解決」的差異。

前者的思考重心放在怎麼做才能把不好的事變成好的，怎麼樣才能做到原本做不到的事。後者不把思考重心放在已經變壞的事或做不到的事上，主要思考的是接下來該怎麼做。

我將兩者的特徵整理在下一頁。

兩種思考中都有提到解決問題的方法。重要的不是哪一種才正確，而是能不能

「重視問題」與「重視解決」

重視問題

- ▶ 哪裡不好？問題出在哪？
- ▶ 如何改善？
- ▶ 列舉出過去不好的問題點。
- ▶ 重視過去。
- ▶ 向後看。

重視解決

- ▶ 該怎麼做才會愈來愈好？
- ▶ 將來想變成怎麼樣？
- ▶ 為將來的理想列舉出該採取的行動。
- ▶ 重視將來。
- ▶ 向前看。

視狀況妥善運用這兩種思考。

比方說，醫療第一線和專業技術職種的大前提就是「重視問題（原因）」的思考。這是因爲這類職種在工作上絕對不能犯下相同失誤，必須徹底找出問題所在才行。如果是醫療第一線，只要不找出問題的成因，下次還是會犯下相同的醫療過失。

然而，在控制憤怒情緒這點上，只有「重視解決」的方式才能避免煩躁氣憤。這是因爲，如果朝「重視問題」的方向思考，無論如何都會著眼於壞事或問題點，導致憤怒情緒湧現。

舉例來說，你有個總是在生氣的主管，你試著思考主管爲什麼一天到晚生氣，發現原因出在他的家庭環境。這個發現對解決問題毫無幫助，因爲這個既定事實是身爲第三者的你無法改變的事。

這種時候，重要的反而是思考接下來該如何聰明應對這位一天到晚生氣的主管，對解決問題才更有幫助。

感情問題一旦追究原因就會鬧擰了。彼此追究對方哪裡做錯了，只會一起**糾結過去**，共同陷入「**消極的對話**」。糾結於過去發生的事或消極對話，都無法提出任何具有建設性的改善方法，只會讓自己更煩躁氣憤而已。

當然，「重視解決」的思考並非萬靈藥。

人之所以容易煩躁氣憤，原因出在動不動就想「改變別人」。其實，我們必須體認「能改變的只有自己」的事實。

這和運用「重視解決」的方法一樣。

以下要介紹的，是最適合用來「改變自己」的一項技巧。

◎二十四小時冷靜行動（魔法的一天）

忙得火冒三丈的人和總是笑嘻嘻的人，哪一種給人的印象比較好？

當然是後者吧？

如果自認是個容易生氣的人，請務必試試這個「**二十四小時冷靜行動**」，別名「**魔法的一天**」的技巧。

冷靜行動原文act calm，act就是行動，calm就是冷靜。如字面所示，容易生氣的人花一天二十四小時的時間扮演一個不容易生氣的人，這就是「二十四小時冷靜行動」。人在生氣的時候，總是立刻就想改變別人，這個技巧的目的則是「試著先改變自己」。

持續一整天或許很難，如果覺得受不了，至少在公司工作的這段時間試著冷靜行動，或是規定自己從回家到就寢爲止的這段時間冷靜行動等等，一開始就先設定好執行的時間，或許可以降低執行時的門檻。

總之，就是二十四小時徹底保持冷靜行動，實際體驗「周遭的人面對這樣的自己時有什麼變化」、感受「不生氣的自己」能獲得什麼好處。

大腦前額葉皮質就像人腦的指揮塔，笑的時候會感到自己好像眞的很開心，假哭久了也會眞的難過起來。人類會用言語說明自己的行爲，創造故事，爲的是維持自己的一貫性。「二十四小時冷靜行動」利用的恰是這個特性。

做法是事先決定「**今天一整天，不管發生什麼事都絕對不生氣**」，無論遇到多麼令人火大的事，從遣詞用句到表情動作等細節，都要力求保持冷靜。

如上所述，一日限定，只在這二十四小時內試著成爲一個冷靜的人。冷靜行動**在特別忙碌的日子裡效果更好**。執行這個技巧時，比起假日或工作輕鬆的日子，最好選擇平日或工作面臨期限，忙得不可開交的時候更有用。

只要冷靜度過這樣的日子，或許就能獲得前所未有的穩定情緒和各種新發現。

後記

愈有氣，愈沒有力氣處理該用心做的事

受離職率過高所苦的企業、人際關係不順利的職場、客訴處理不完的客服第一線、老師感嘆不聽話學生愈來愈多的學校等等，我在各種場合舉行過關於憤怒管理的演講、研習和座談會。

不管到哪個會場，聽眾都對憤怒管理充滿興趣。我能深深感受到大家想盡可能控制自己憤怒的熱切心意。

其中，最近令我印象最深刻的，是在一所小學舉行的演講。

起初先對五十位五年級學生和五十位家長，共計一百人進行一小時關於憤怒管理的演講。之後，請學生們先行離開，再對家長們談了一小時關於「錯誤的斥責方式與正確的斥責方式」。

演講結束後，我問大家「有什麼問題嗎？」但沒有任何人舉手發問。於是我說「看來大家都明白了」，開始收東西準備離場，卻在不知不覺之間，家長們來到我眼前大排長龍。

「憤怒」是非常敏感的問題。

正因爲敏感，所以幾乎都是不想在衆人面前「坦白」的事。這就是爲什麼，家長們無法當著其他家長的面舉手發問，但每個人都想個別來問我問題。老實說，這場面令我感到有些驚訝。

他們問我的問題，不外乎是「不知道該怎麼斥責小孩」、「不知道該怎麼稱讚小孩」、「苦惱該如何教養青春期的小孩」、「對叛逆期的小孩束手無策」等等。和他們談話後，我很明白每位家長都很嚴肅看待這件事，看到他們認眞的眼神，我當然只能誠心誠意地一一回答問題。

其實不只這間小學，不管到哪裡演講都讓我發現一件事——沒有任何一個家庭或職場沒有「煩惱」。「煩惱」有大有小，希望解決家庭或職場的種種煩惱，就是各個單位請我前往演講的最大原因。

假設你的家人，比方說小孩沮喪地說出「想去死，活著也沒意義」的話，你和其他家人還能過得幸福嗎？

就算工作再順利，賺了再多錢，你一定無法擁有眞正的快樂吧。因爲，說你的幸福就建築在家人幸福的基礎上也不爲過。

首先，爲了家庭，爲了家人的幸福，請試著使用憤怒管理中的各種技巧和思考方式吧。接著，請再將憤怒管理的「範圍」逐步拓展到所屬公司或組織。我認爲人類的心具有整體性，彼此的心都是相連的，只要這個想法沒錯，那些技巧與思考一定能減輕整個環境的怒氣與煩躁情緒。

正如前面多次強調過的，憤怒管理並非否定憤怒。然而，煩躁氣憤會引發更多煩躁氣憤的情緒，可說是有百害而無一利。

如果各位讀了本書之後，能夠稍微減少一些煩躁焦慮，多點積極向前的心情，那就是我最開心的事。

瀨戶口仁

Beautiful Life 63

憤怒管理 **改變人生，不被憤怒左右的9個習慣**

原著書名 / 人生が変わるアンガーマネジメント入門 怒りを味方につける9つの習慣
原出版社 / 株式会社日本実業出版社
作　　者 / 瀬戸口仁
譯　　者 / 邱香凝
企劃選書 / 劉枚瑛
責任編輯 / 劉枚瑛

版　　權 / 黃淑敏、翁靜如
行銷業務 / 張媖茜、黃崇華
總 編 輯 / 何宜珍
總 經 理 / 彭之琬
發 行 人 / 何飛鵬
法律顧問 / 元禾法律事務所 王子文律師
出　　版 / 商周出版
台北市104中山區民生東路二段141號9樓
電話：(02) 2500-7008　傳真：(02) 2500-7759
E-mail：bwp.service@cite.com.tw
Blog：http://bwp25007008.pixnet.net./blog
發　　行 / 英屬蓋曼群島商家庭傳媒股份有限公司城邦分公司
台北市104中山區民生東路二段141號2樓
書虫客服專線：(02)2500-7718、(02) 2500-7719
服務時間：週一至週五上午09:30-12:00；下午13:30-17:00
24小時傳真專線：(02) 2500-1990；(02) 2500-1991
劃撥帳號：19863813　戶名：書虫股份有限公司
讀者服務信箱：service@readingclub.com.tw
城邦讀書花園：www.cite.com.tw
香港發行所 / 城邦（香港）出版集團有限公司
香港灣仔駱克道193號超商業中心1樓
電話：(852) 25086231傳真：(852) 25789337
E-mailL：hkcite@biznetvigator.com
馬新發行所 / 城邦(馬新)出版集團【Cité (M) Sdn. Bhd】
41, Jalan Radin Anum, Bandar Baru Sri Petaling, 57000 Kuala Lumpur, Malaysia.
電話：(603)90578822　傳真：(603)90576622　E-mail：cite@cite.com.my

美術設計 / COPY
印　　刷 / 卡樂彩色製版印刷有限公司
經 銷 商 / 聯合發行股份有限公司　電話：(02)2917-8022　傳真：(02)2911-0053

2018年（民107）10月8日初版
定價320元　Printed in Taiwan
ISBN 978-986-477-529-3　　城邦讀書花園 www.cite.com.tw

國家圖書館出版品預行編目

憤怒管理 / 瀨戶口仁著；邱香凝譯. -- 初版. -- 臺北市：商周出版：家庭傳媒城邦分公司發行,
民107.10 224面；14.8*21公分. -- (Beautiful life ; 63)
譯自：怒りを味方につける9つの習慣：人生が変わるアンガーマネジメント入門
ISBN 978-986-477-529-3(平裝)　1. 憤怒　2. 情緒管理　176.56　107013929

廣　　告　　回　　函
北區郵政管理登記證
台北廣字第000791號
郵資已付，免貼郵票

104台北市民生東路二段 141 號 9 樓

英屬蓋曼群島商家庭傳媒股份有限公司

城邦分公司

請沿虛線對摺，謝謝！

書號：BB7063	**書名**：憤怒管理	**編碼**：

請於此處用膠水黏貼

商周出版

讀者回函卡

謝謝您購買我們出版的書籍！請費心填寫此回函卡，我們將不定期寄上城邦集團最新的出版訊息。

姓名：＿＿＿＿＿＿＿＿＿＿＿＿＿＿＿＿ 性別：□男 □女

生日：西元＿＿＿＿＿＿年＿＿＿＿＿＿月＿＿＿＿＿＿日

地址：＿＿＿＿＿＿＿＿＿＿＿＿＿＿＿＿＿＿＿＿＿＿

聯絡電話：＿＿＿＿＿＿＿＿＿＿ 傳真：＿＿＿＿＿＿＿＿＿＿

E-mail：＿＿＿＿＿＿＿＿＿＿＿＿＿＿＿＿＿＿＿＿＿＿

學歷：□1.小學 □2.國中 □3.高中 □4.大專 □5.研究所以上

職業：□1.學生 □2.軍公教 □3.服務 □4.金融 □5.製造 □6.資訊

□7.傳播 □8.自由業 □9.農漁牧 □10.家管 □11.退休

□12.其他＿＿＿＿＿＿＿＿＿＿＿＿＿＿＿＿

您從何種方式得知本書消息？

□1.書店 □2.網路 □3.報紙 □4.雜誌 □5.廣播 □6.電視

□7.親友推薦 □8.其他＿＿＿＿＿＿＿＿＿＿＿＿＿＿

您通常以何種方式購書？

□1.書店 □2.網路 □3.傳真訂購 □4.郵局劃撥 □5.其他＿＿＿＿

您喜歡閱讀哪些類別的書籍？

□1.財經商業 □2.自然科學 □3.歷史 □4.法律 □5.文學

□6.休閒旅遊 □7.小說 □8.人物傳記 □9.生活、勵志 □10.其他

對我們的建議：＿＿＿＿＿＿＿＿＿＿＿＿＿＿＿＿＿＿＿＿

＿＿＿＿＿＿＿＿＿＿＿＿＿＿＿＿＿＿＿＿

＿＿＿＿＿＿＿＿＿＿＿＿＿＿＿＿＿＿＿＿

＿＿＿＿＿＿＿＿＿＿＿＿＿＿＿＿＿＿＿＿

＿＿＿＿＿＿＿＿＿＿＿＿＿＿＿＿＿＿＿＿

請於此處用膠水黏貼